Initiation à la Sophrologie Caycédienne

et à la méthode Alfonso Caycedo sa structure fondamentale

DOCTEUR PATRICK-ANDRÉ CHÉNÉ

Du même auteur

- **Sophrologie, Fondements et Méthodologie**
  4e édition - 2001 - Éditions Ellébore
- **Sophrologie Champs d'application**
  Ouvrage collectif sous la direction du Dr. Patrick-André CHÉNÉ - 1999 - Éditions Ellébore
- **Maternité et Sophrologie**
  1995 - Éditions Ellébore
- **Bien vivre votre accouchement avec la Sophrologie**
  1996 - Éditions Ellébore
- **Retrouvez la forme après votre accouchement**
  1996 - Éditions Ellébore

Contact

Académie de sophrologie de Paris
20, rue Henri Bocquillon • 75015 Paris
Tél. : 01 45 20 19 94
Site internet : academie-sophrologie.fr

Ellébore
ÉDITIONS

Les éditions Ellébore

BP 01 - 75560 Paris cedex 12 • Tél. : 01 40 01 09 49 • Fax : 01 40 01 09 94 • E-mail : info@ellebore.fr
Sur minitel : 3615 ELLEBORE • Sur internet : www.ellebore.com

praxis

UN LIVRE POUR AGIR !

Initiation à la Sophrologie Caycédienne

et à la méthode Alfonso Caycedo sa structure fondamentale

2e ÉDITION

DOCTEUR PATRICK-ANDRÉ CHÉNÉ

Ellébore
ÉDITIONS

SOMMAIRE

TABLE DES FIGURES

AVANT-PROPOS

La deuxième édition de ce livre reçoit le nom d'Initiation à la Sophrologie Caycédienne et à la Méthode Caycedo, sa structure fondamentale, parce qu'elle y est présentée complètement actualisée. Dans ce livre de poche, je fais une synthèse de l'évolution historique et de la réalité scientifique actuelle de la Sophrologie depuis les origines. École de recherche médicale de la conscience créée par le Pr. Alfonso Caycedo elle s'est ouverte au champ social et à la découverte des valeurs de l'homme, grâce à une méthode concrète élaborée au long de son histoire qui reçoit le nom de Méthode Alfonso Caycedo comme reconnaissance au fondateur de la Sophrologie et créateur de ce procédé absolument original.

La recherche entreprise par Caycedo devait se développer en 4 grandes étapes qui devaient se réaliser au niveau d'expériences vécues par lui-même après l'étude et l'application des différents procédés :

1.- L'hypnose. Le Pr. Caycedo étudia l'hypnose qui à cette époque déjà se pratiquait très peu en médecine et l'abandonna parce que ses méthodes ne coïncidaient pas avec les exercices et les objectifs qu'il cherchait. Il étudia aussi les principales techniques de relaxation qui s'employaient alors en Occident.

2.- La Phénoménologie. Il décide d'employer la méthode phénoménologique pour la recherche de la conscience et s'oriente vers l'école phénoménologique existentielle, représentée par son Maître, le psychiatre suisse Ludwig Binswanger, dont il fut le dernier disciple. L'influence de cette école a illuminé ses travaux comme psychiatre et a orienté ses méthodes.

3.- Procédés orientaux. Il voyage en Orient pour connaître les méthodes de modification de la conscience employées avec une intention mystique par les grands maîtres du Yoga et du Zen. Après une étude profonde de ces procédés, il comprit que la plus grande partie de cette méthodologie s'orientait par des chemins différents vers la même véritable intentionnalité que celle qu'il avait en concevant une méthode pouvant être employé dans le contexte scientifique de la médecine et de la prévention sociale en Occident.

4.- De retour en Occident il s'installe à Barcelone où il est nommé Professeur Agrégé de la chaire de Psychiatrie sous la direction du Pr. Ramon Sarro. Réalisant alors un grand travail de recherche phénoménologique et de vérification vivantielle cela lui a permis d'élaborer une méthode totalement originale en médecine et en prévention sociale qui porte son nom et qui est la base de la Sophrologie comme recherche et de la Sophrologie Caycédienne comme thérapie au niveau clinique et comme prévention au niveau social. Pour se dédier complètement à l'étude phénoménologique et existentielle de l'être, il cherche un lieu de paix et de tranquillité qu'il trouve dans la Principauté d'Andorre où il s'est installé depuis plusieurs années.

J'ai été témoin en grande partie de l'œuvre extraordinaire développée par le Pr. Caycedo et j'ai l'honneur d'avoir collaboré avec lui dans la diffusion de sa méthode autant au niveau médical qu'au niveau social. J'ai reçu ma formation sous sa direction en Andorre et j'assiste à toutes les réunions de l'Université d'été qu'organise la Fondation Caycedo. J'ai publié les livres Sophrologie – Tome I - Fondements et Méthodologie et Sophrologie – Tome II –Champs d'application et dirigé l'Académie de Sophrologie Caycédienne de Paris, où se forment annuellement de nombreux élèves de la branche médicale et de la branche sociale qui réalisent ensuite leur formation supérieure en Andorre sous sa direction personnelle.

Ce petit livre complètement actualisé aspire à répondre de façon claire, résumée et précise, aux questions qui se posent actuellement en rapport avec la Sophrologie et la Sophrologie Caycédienne, face à la prolifération de nombreuses écoles et institutions qui se sont créées, sans connaître la Méthode Caycedo et n'ayant donc rien à voir avec la Sophrologie pure ou Sophrologie Caycédienne.

Dr. Patrick-André Chéné

CHAPITRE 1

SOPHROLOGIE ET SOPHROLOGIE CAYCÉDIENNE

Nous vous présentons le premier ouvrage de poche traitant de la Sophrologie « caycédienne », c'est-à-dire de la sophrologie développée dans la pensée de son créateur le Dr Alfonso Caycedo.

Le terme « Sophrologie » étant devenu à la mode, il existe de nombreux thérapeutes s'en réclamant sans se situer dans la lignée de l'école caycédienne qui, dans ses travaux, présente des structures de recherche et de formation assurant son sérieux, son actualité et son authenticité. L'intérêt de la Sophrologie caycédienne est, qu'elle se situe dans la démarche de pensée du créateur. D'ailleurs un programme commun aux écoles de Sophrologie Caycédienne assure la qualité, la cohérence et la pérennité de l'enseignement. Le mot Sophrologie étant rentré dans le langage courant il était impossible de la protéger, l'adjectif « caycédienne » a donc été ajouté pour la caractériser.

Nous considérerons dans la suite de cet ouvrage que lorsque nous utiliserons le terme "Sophrologie", il s'agit de l'authentique Sophrologie caycédienne

LEXIQUE

Pour que le lecteur ne soit pas déconcerté par certains mots ou locutions techniques, un petit lexique précède le texte de l'ouvrage. Vous pourrez ainsi vous y reporter ce qui en favorisera la lecture. Ce paragraphe peut être lu immédiatement ou non. Dans ce dernier cas, vous y reviendrez lorsqu'un mot vous sera inconnu pour parfaire votre compréhension, sachant que l'ordre alphabétique des définitions facilitera votre recherche.

Certains mots rendant compte de la particularité de la méthode ne peuvent être remplacés car la plupart, créés par le Pr. Caycedo pour la Sophrologie, il n'est pas possible de leur substituer des mots du langage courant qui dénatureraient la démarche profonde de notre discipline.

Vous trouverez donc quelques définitions de mots de base permettant l'entraînement à partir des techniques proposées dans ce livre sans qu'il vous soit obligé d'en posséder les fondements théoriques. En effet, il n'est pas indispensable de connaître les théories de la Sophrologie pour suivre ses applications car elle est essentiellement un entraînement pratique.

Le Pr. Caycedo au long de sa recherche phénoménologie et existentielle a créé plus de 300 néologismes afin de pouvoir communiquer les bases scientifiques de la Sophrologie et de sa méthode. Dans le lexique ci-dessous, les termes créés par le Pr. Caycedo portent un astérisque.

***ALLIANCE SOPHRONIQUE**
elle désigne la relation spécifique entre le sophrologue et le sophronisant.

CONSCIENCE
le Pr. Caycedo définit la conscience humaine comme la force responsable de l'intégration de toutes les structures de l'existence de l'être.

***CONSCIENCE ISOCAY**
situation ou niveau spécial de conscience vigile décrit par le Pr. Caycedo où se trouvent les structures de plus grande intégration de l'être, responsables de la liberté, la clarté et l'harmonie. C'est actuellement le niveau où se réalisent toutes les techniques de la Sophrologie Caycédienne. Elle n'a rien à voir ni avec l'hypnose ni avec les techniques orientales qui modifient la conscience.

***CORPORALITÉ**
perception du corps par la conscience, présence du corps physique dans notre conscience.

***CORPORALISER**
activer, stimuler la présence du corps dans la conscience.

***DÉSOPHRONISATION**
en fin de séance, retour au niveau habituel de vigilance.

***DIALOGUE PRÉSOPHRONIQUE**
présentation de la séance au sophronisant afin qu'il la réalise en pleine connaissance et confiance.

***DIALOGUE POSTSOPHRONIQUE**
recueil de la vivance et échange à l'issue de la séance.

***ENTRAÎNEMENT SOPHROLOGIQUE CAYCÉDIEN**
l'adaptation, en fonction des protocoles nécessaires aux différentes situations, de la Méthode Caycedo. Il se caractérise par sa souplesse et sa grande adaptabilité qui lui permet de s'appliquer dans tous les champs d'application de la Sophrologie sous la direction du sophrologue. La répétition des séances permet d'activer et de développer la vivance.

ÉPISTÉMOLOGIE
la théorie, l'exposé des principes d'une science.

ÉPOKHÈ
suspension du jugement, attitude fondamentale en sophrologie consistant à laisser venir les phénomènes qui apparaissent durant la séance sans les juger ou les interpréter.

EXISTENTIEL

qui se rapporte à l'existence, la sophrologie est existentielle en ce sens qu'elle stimule et active nos capacités d'exister, de choisir notre vie plutôt que de la subir.

FORME

principe interne d'unité. Toute réalité (organisme, fait psychique, ensemble concret ou abstrait) considérée dans sa structure.

***NIVEAU ISOCAY**

en un premier temps le Pr. Caycedo pensait que l'Entraînement Sophrologique se réalisait dans le Niveau Sophro-liminal. Après de nombreuses années de recherche phénoménologique et existentielle il a pu découvrir que le véritable entraînement sophrologique se réalisait dans ce niveau particulier de conscience vigile qu'il proposa d'appeler Niveau ou Conscience Isocay où se trouvent les structures de la plus grande intégration de l'être.

***NIVEAU SOPHRO-LIMINAL**

terme créé pour désigner le paramètre qui sépare la veille du sommeil. Antérieurement on croyait qu'à ce niveau se réalisaient les techniques sophrologiques, mais actuellement elles se décrivent dans le Niveau Isocay ou Conscience Isocay.

***PAUSES PHRONIQUES**

pendant les séances de sophronisation, il s'agit de moments de méditation pendant lesquels nous revivons ce qui vient de nous apparaître durant la séance. Se nomme également en langage plus simple, récupération.

***PHÉNODESCRIPTION**

après chaque séance d'entraînement sophrologique il est conseillé de décrire les phénomènes qui se sont déroulés durant la séance de manière à mieux les intégrer dans notre conscience. Ces phénodescriptions peuvent s'effectuer verbalement ou par écrit.

PHÉNOMÉNOLOGIE
le grand courant philosophique du XXe siècle, inauguré par Husserl. Il s'agit d'une nouvelle manière d'aborder la conscience par la lecture des phénomènes qui émergent de celle-ci. La phénoménologie prend en compte la complexité de la conscience qui ne peut pas être étudiée par les sciences naturelles et expérimentales traditionnelles (logique, déduction, raisonnement par analogie).

PHÉNOMÉNOLOGIQUE
la sophrologie est phénoménologique car elle utilise la lecture des phénomènes de conscience pour stimuler la vivance.

***PHRONIQUE**
de « phren » esprit, la conscience profonde intérieure à l'être.

***SOPHRONIQUE**
de « sos » harmonie, sérénité, la conscience harmonieuse du monde extérieur.

***POSTURE ISOCAY**
différentes postures se pratiquent durant les séances, en position assise ou debout. La posture Isocay est la posture assise de base pour activer la vivance. C'est le premier moyen pour la conquête de la conscience sophroliminale. Isocay est le sigle de « Intégration Sophrologique Caycédienne

PROTOCOLE
organisation du contenu des séances en fonction du but recherché.

***RÉGION PHRONIQUE**
il s'agit du nouvel espace qui se constitue entre le corps et l'esprit à la suite de l'entraînement sophrologique. Il est le support de la conscience sophronique.

***SÉMANTIQUE**
C'est l'étude du langage. Il a été nécessaire de créer un vocabulaire, propre à la spécificité de nos concepts sophrologiques, tiré surtout du Grec et de néologismes.

SOCIO-PROPHYLACTIQUES
domaines professionnels sociaux et préventifs.

***SOPHROLOGIE**
terme créé par le médecin neuropsychiatre espagnol Dr. Alfonso Caycedo, pour désigner une méthode scientifique qu'il a conçue pour maîtriser l'équilibre corps - esprit, pour l'étude de la conscience et pour la conquête des valeurs de l'homme, avec des procédés vivantiels qui lui sont propres et originaux.

***SOPHROLOGIE CAYCÉDIENNE**
terme protégé légalement qui désigne une École Scientifique qui se spécialise dans l'emploi de la Méthode Caycedo pure, sans dénaturation, en médecine et en prophylaxie sociale, différenciant de cette façon l'originalité de l'œuvre du Dr. Alfonso Caycedo des différents usages qui ont été donnés au terme Sophrologie dans certains pays.

***SOPHRONISANT**
le patient ou l'élève qui suit la séance guidée par le sophrologue.

***SOPHRONISATION**
technique permettant le passage du niveau de vigilance habituel au niveau sophroliminal.

SYSTÈME
région du corps. Au nombre de cinq grandes régions du corps humain, Ils forment une synthèse des structures de base de chaque être.

***TERPNOS LOGOS**

la parole du sophrologue s'adressant au sophronisant.

TRIDIMENSIONNALITÉ

Il s'agit de la capacité pour la conscience de vivre au cours des séances le passé, le présent et le futur, dans une unité de temps, l'ici et maintenant.

***VIVANCE**

*c'est un terme dérivé du mot espagnol « vivencia » qui a donné origine au néologisme créé pour la Sophrologie avec le nom de Vivance Phronique. * **Vivantiel** est son adjectif.*

***VIVANCE PHRONIQUE**

néologisme créé pour désigner le procédé le plus important de toute la méthodologie propre de la Sophrologie et de la Sophrologie Caycédienne. Il consiste pendant la sophronisation à activer l'expérience de la rencontre profonde entre le corps et l'esprit. Elle permet de vivre d'une manière particulière les idées, les sensations, les affects, en un mot tous les phénomènes qui nous viennent à la conscience pendant nos séances d'entraînement. La Vivance est un acte de conscience, c'est la certitude d'une présence. Cette présence, c'est la vie en train de se vivre au sein de la conscience et captée par notre conscience immédiatement, comme telle. Il s'agit donc de l'expérience interne des phénomènes qui s'éprouvent à l'intérieur de l'être, approfondie dans les 1e et 2e cycles de la Méthode Alfonso Caycedo.

*** VIVANCE SOPHRONIQUE** X

Il s'agit de l'expérience vivantielle externe, qui se produit grâce à la rencontre de nos valeurs internes découvertes pendant le 1e et 2e cycles de la Méthode Alfonso Caycedo et qui se transportent à l'existence sophronique, menant à une nouvelle quotidienneté, approfondie dans le 3ème cycle.

QU'EST-CE QUE LA SOPHROLOGIE ?

Lorsque l'on discute avec des amis, des connaissances ou des relations, c'est toujours cette même question qui vient en premier sur les lèvres de nos interlocuteurs.

On en parle de plus en plus mais on ne la connaît pas vraiment. Bien qu'elle ait plus de 40 ans, la Sophrologie souffre d'un déficit chronique de communication.

Ne sachant trop à quoi elle correspond, certains penchent pour une doctrine impénétrable réservée à des initiés, d'autres pensent qu'il s'agit d'une science énigmatique à caractère caché, d'autres enfin vont jusqu'à douter de son sérieux dans l'impossibilité qu'ils sont de la connaître et seraient prêts à l'assimiler à une secte, tant ce qui est difficile à définir dans une formule simple leur paraît, a priori, suspect.

Il en est qui, dans un effort sympathisant, l'assimilent purement et simplement au yoga, à la relaxation ou à l'hypnose, s'efforçant de la rattacher à une discipline qu'ils pensent connaître.

La Sophrologie, bien sûr, n'est rien de tout cela. C'est le but de cet ouvrage d'essayer d'en donner une idée claire et réaliste, ce qui n'est pas aisé, si on prend en considération qu'elle utilise des outils et des concepts élaborés et hérités de l'histoire de la pensée et des sciences humaines pour aboutir à une synthèse qui lui est propre.

La Sophrologie est une discipline permettant de développer nos capacités personnelles et d'améliorer ainsi l'existence quotidienne de ceux qui la pratiquent.

Le développement des technologies et l'amélioration des conditions de vie ont entraîné paradoxalement l'explosion de ce nouveau fléau du troisième millénaire qu'est le mal de vivre. Il est grand temps de faire évoluer nos approches de la compréhension et de la « prise en charge » de nos semblables. Grand temps d'être persuadé que la réponse aux problèmes qui se posent est souvent en nous, qu'elle doit passer par une évolution de chacun vers un mieux-être, vers un mieux-vivre. C'est à cette approche, qu'avec ses pratiques, vous invite la sophrologie.

Grâce à une méthode simple, accessible à tous, ce livre va tenter de vous décliner quelques-unes des techniques qui vont vous aider, non seulement à acquérir, mais aussi à maintenir au long de votre existence quotidienne, votre autonomie, votre confiance en vous, votre harmonie physique et mentale, votre capacité de projets, ce qui vous permettra d'évoluer au mieux de votre forme, dans ce troisième millénaire.

DÉFINITIONS DE SOPHROLOGIE ET DE SOPHROLOGIE CAYCÉDIENNE

Après la création de la Sophrologie en 1960, le Pr. Caycedo a actualisé sa définition au fur et à mesure que sa recherche phénoménologique et existentielle se déroulait au fil des années.

Dans ce livre résumé, présentant la sophrologie actualisée sont données les définitions de la Sophrologie et de la Sophrologie Caycédienne telles qu'elles furent présentées dans la Déclaration de Genève par le Pr. Caycedo lui-même le 17 mai 2001 :

« SOPHROLOGIE est un terme créé par le médecin neuro-psychiatre espagnol Dr. Alfonso Caycedo, pour désigner une méthode scientifique qu'il a conçue pour maîtriser l'équilibre corps - esprit, pour l'étude de la conscience et pour la conquête des valeurs de l'homme, avec des procédés vivantiels qui lui sont propres et originaux. »

Comme initialement le Pr. Alfonso Caycedo n'avait pas eu la précaution de protéger légalement le terme Sophrologie qu'il a creé, de nombreuses écoles, institutions et organisations ont utilisé ce nom pour désigner différentes techniques et procédés, certains d'entre eux en totale contradiction avec les véritables objectifs de la Sophrologie authentique, en arrivant parfois à inventer de faux programmes de formation et à dévier la méthode avec des procédés dangereux du point de vue psychiatrique. Le Dr. Alfonso Caycedo s'est donc vu dans l'obligation de protéger légalement le terme Sophrologie Caycédienne ® pour sauver l'authenticité de sa démarche.

« SOPHROLOGIE CAYCÉDIENNE ® est le terme protégé légalement qui désigne une École Scientifique qui se spécialise dans l'emploi de la Méthode Caycedo pure, sans dénaturation, en médecine et en prophylaxie sociale, différenciant de cette façon l'originalité de l'œuvre du Dr. Alfonso Caycedo des différents usages qui ont été donnés au terme Sophrologie dans certains pays. »

ÉTYMOLOGIE

L'Origine du terme « Sophrologie » se comprend en remontant historiquement à la Grèce antique et notamment aux dialogues du philosophe Platon qui utilisa le mot de « sôphrosunè » signifiant paix spirituelle, tempérance, repos. Caycedo s'en inspira et créa le mot Sophrologie à partir de formants grecs propres :

SOS (σῶς) harmonie

PHREN (φρὴν) esprit

LOGOS (λόγος) science ou discours.

Dans le cadre figure1, nous pouvons résumer à la fois son origine et son but.

Ces racines permettent de comprendre la richesse d'application de cette discipline puisque la sophrologie est à la fois une science, un art de vivre et une philosophie.

Science de la conscience, elle a été créée par le Dr. Alfonso Caycedo, médecin neurologue et psychiatre, à Madrid en 1960, dans le service de Psychiatrie de l'ancien Hôpital provincial de Sainte Isabel, actuellement Musée Reina Sofia.

Art de vivre, recherche de l'harmonie physique et mentale, de la sérénité et de la paix intérieure, elle équilibre l'être humain, lui redonne confiance par ses procédés permettant d'unir le corps et l'esprit. Elle constitue une véritable voie de développement personnel.

FIGURE 1
ÉTYMOLOGIE

SOPHROLOGIE

Terme créé par le Pr. Alfonso Caycedo en 1960

Étymologie du Grec ancien

SOS
σῶς
Paix
Harmonie
Sérénité

PHREN
φρὴν
Esprit
Conscience
Cerveau

LOGOS
λόγος
Discours
Science
Etude

UNE SCIENCE
de la conscience humaine

UN ART
Conquête de l'harmonie
Entraînement de la personnalité

UNE PHILOSOPHIE
Phénoménologie existentielle

RECHERCHE

Devise
UT CONSCIENTA NOSCATUR
Pour que la Conscience soit connue

Philosophie phénoménologique et existentielle, elle permet à chaque individu de rechercher les valeurs propres de son existence et débouche sur un nouveau regard sur la vie, plus riche et plus ouvert, générateur d'espoir et de projets.

LE FONDATEUR

Le Pr. Alfonso Caycedo est le fondateur de la Sophrologie. Il inventa le terme « **SOPHROLOGIE** » à Madrid en 1960 et initia ses travaux comme École Scientifique avec des concepts et objectifs originaux. Il en est son créateur car, il a aussi créé toutes ses techniques, ses théories et ses concepts.

Il est Docteur en Médecine et Chirurgie, Spécialiste en Neurologie et en Psychiatrie. Il fit ses études universitaires à la Faculté de Médecine de Madrid où il obtint le titre de docteur en Médecine et Chirurgie. Il réalisa aussi dans la même université les spécialités de neurologie et de psychiatrie sous la direction du fameux psychiatre Pr. Lopez Ibor.

Il a créé la Sophrologie à Madrid en 1960, alors qu'il travaillait comme interne de psychiatrie à l'ancien Hôpital de Sainte Isabel aujourd'hui Musée Reina Sofía, sous la direction de son premier Maître le Pr. Lopez Ibor. En s'occupant des traitements d'électrochocs et de l'application des comas insuliniques il décida d'initier une nouvelle recherche de la conscience en médecine, fondant une école scientifique à laquelle il donna le nom de **SOPHROLOGIE**.

Intéressé par la recherche scientifique de la conscience, il s'orienta par l'école de phénoménologie existentielle en psychiatrie sous la direction personnelle du psychiatre suisse Ludwig Binswanger dont il fut un des derniers disciples. Il a développé un puissant travail de recherche de caractère phénoménologique et existentiel basé sur un procédé original qu'il a désigné sous le néologisme de « Vivance Phronique ».

Après de longues années de vérification rigoureuse, il a conçu une méthode originale qui reçoit le nom de Méthode Alfonso Caycedo qui a fait l'objet de nombreux travaux et constitue la structure fondamentale de la Sophrologie Caycédienne, se pratiquant au niveau clinique et au niveau de la prévention sociale comme thérapie et comme prophylaxie face à la maladie de masses que vit l'humanité.

Le 17 mai 2001 le Pr. Caycedo présente en Suisse, un pays où sa Méthode a été diffusée au niveau Social pendant plus de 25 années et pratiquée par plus de 120.000 personnes, sa Déclaration des Valeurs de l'Homme lors d'une conférence donnée dans l'Auditoire des Droits de l'Homme de l'Université de Genève. Pour cette raison cette déclaration reçoit le nom de « Déclaration de Genève ou Déclaration des Valeurs de l'Homme ». Le Pr. Caycedo y communique sa méthode structurée au long d'un travail de recherche et de vérification vivantielle permanente après plus de 40 années de mise à l'épreuve au quotidien, l'identifiant pleinement avec la Sophrologie Caycédienne qui est l'école qui se charge de sa diffusion correcte en médecine et en prophylaxie sociale.

Il n'est pas possible d'inclure dans cet espace les données biographiques du créateur de la Sophrologie, mais il convient de souligner dans ce livre l'énorme travail qui a représenté l'élaboration et la construction de cette méthode.

Dans sa Déclaration de Genève, le Pr. Caycedo explique les trois temps qu'il a utilisés pour élaborer sa méthode et qui représentent certainement les étapes de sa propre vie. Il explique comment la création de ce procédé lui a permis de réunir toutes les techniques et concepts qu'il a conçus au long de sa recherche. Il établit la première étape à partir de 1960, depuis le moment même où il a créé la Sophrologie à Madrid. C'est à ce moment qu'il a mis en marche les bases de tout le programme ; cette étape devait se terminer au mois d'août 1977 lorsqu'il prononça à l'Université de Pernambuco au

Brésil, son premier discours sur les Valeurs de l'Homme, aujourd'hui connu comme la « Déclaration de Recife ». Il fixe la deuxième étape à partir de ce moment et il la termine au mois de novembre 1992 coïncidant avec le sixième Congrès Européen de Psychiatrie de Barcelone, où il présente officiellement son travail à cette réunion scientifique à laquelle ont assisté plus de deux mille psychiatres. Il considère la troisième étape à partir de cette date, terminant au mois de mai 2001 en Suisse à Genève, où il présente son deuxième discours sur les valeurs de l'Homme appelé « Déclaration de Genève ou Déclaration des Valeurs de l'Homme ».

Si nous considérons les années que comprend chaque étape, nous nous rendons compte que chacune correspond á la création d'un des trois cycles qui composent la méthode qui aujourd'hui porte son nom, il n'est pas difficile de supposer le travail et la difficulté que cela a représenté. La recherche phénoménologique et existentielle est un travail difficile d'adaptation de concepts philosophiques à la pratique expérimentale. Caycedo nous expliquait qu'il s'agit d'un système avec lequel chaque chercheur doit élaborer son propre procédé, et, dans son cas il l'a développé en trois temps :

1) La création, où il s'agit d'avoir l'intuition d'une nouvelle technique ou d'un nouveau concept ;

2) l'expérimentation, où ces techniques et concepts doivent se porter à la pratique et établir les corrections nécessaires grâce à une longue observation ;

3) la vérification qui peut se faire uniquement par le témoignage vivantiel des sophronisants avec lesquels on arrive à établir les indications et applications correspondantes.

Nous voyons donc que le Pr. Caycedo a consacré sa vie à la création d'une méthode unitaire et originale. Il l'offre à l'être humain de notre temps, pour qu'il puisse dévoiler sa propre conscience et trouver ses propres valeurs, les transposer dans sa vie quotidienne en coexistant avec elles pour parvenir à une nouvelle forme d'existence. C'est son message et c'est la thérapie qu'il nous propose pour lutter, face à la maladie de masse destructrice que vit notre humanité.

CHAPITRE 2

QUELQUES EXPLICATIONS POUR BIEN COMPRENDRE LA SOPHROLOGIE

Certains auront besoin, avant de commencer à pratiquer la Sophrologie Caycédienne et la Méthode Alfonso Caycedo, d'en connaître les sources et les principes généraux ainsi que les méthodes qu'elle utilise. C'est pourquoi dans ce chapitre, nous nous efforcerons de vous les faire connaître, même si certaines pages vous paraissent difficiles malgré notre souci de clarté et de concision.

Si vous êtes impatients d'éprouver la méthode, vous pouvez passer directement à la pratique de la Phase Préparatoire, vous reviendrez plus tard à ce chapitre.

LES SOURCES DE LA SOPHROLOGIE

Un schéma permet d'évoquer les multiples voies que la Sophrologie a explorées en créant sa propre discipline. Les noms des personnalités ou les méthodes étudiées figurent sous chaque source ou pays qui permirent d'aboutir à la synthèse des techniques sophrologiques.

Il nous a paru utile de les citer car toute nouvelle discipline tire son existence des connaissances antérieures, en gardant ce qui permet la création de nouveaux concepts. C'est pourquoi, sans entrer dans le détail, nous évoquons certaines de ces sources qui aideront à comprendre la richesse de la Sophrologie.

FIGURE 2
SOURCES ET ORIGINES
DE LA SOPHROLOGIE CAYCÉDIENNE1[1]©

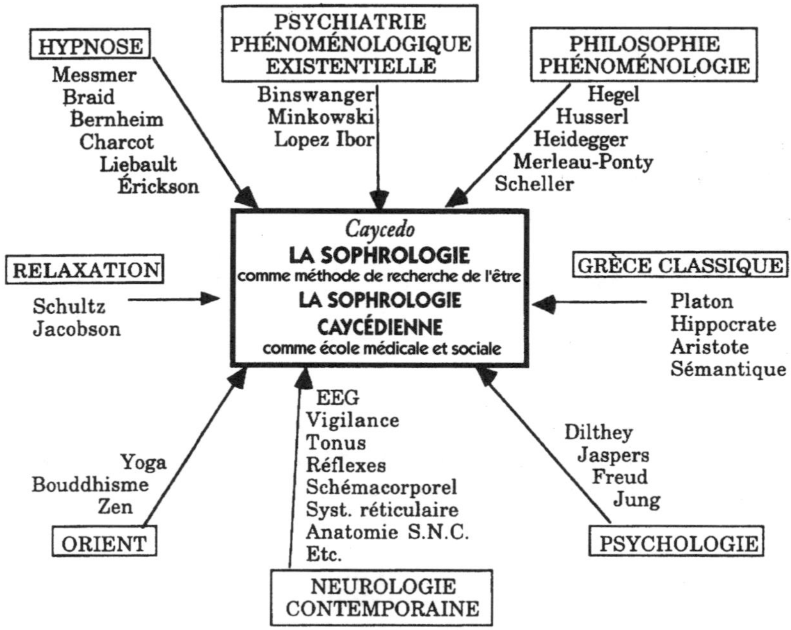

[1] *Schéma synthétique sur les sources et origines de la Sophrologie© (PA Chéné)*

La pensée grecque

La Grèce classique est à l'origine de la philosophie occidentale, toute sa pensée nous inonde de son rayonnement.

Hippocrate (460-377 av. J-C) précurseur de l'observation clinique, démontre dans sa théorie des humeurs et des tempéraments, que l'équilibre entre le corps et l'esprit, qui ne peuvent être traités séparément, détermine la santé alors que le manque ou l'excès sont facteurs de maladie.

La Sophrologie retrouve dans **Platon** (428-348 av. J-C) certains de ses concepts fondamentaux. L'état de sérénité et de bien-être qu'il préconisait inspire notre technique, et le traitement par les belles paroles, calmes et régulières, pratiqué notamment en son Académie à Athènes, se retrouve dans notre terpnos logos qui découle de la « psychothérapie verbale », ce mode de discours basé sur la raison et apportant l'état ***sôphrosunè***[2], dont il fut l'instigateur.

Enfin, dans la Grèce classique le courant philosophique sceptique a insisté sur ***la suspension du jugement c'est-à-dire l'épokhè*** en réaction contre la pensée d'Aristote et son syllogisme, en proposant de rester dans le doute pour tout ce qui n'est pas évident. Le doute sera repris par Descartes et l'épokhè par Husserl. Cette prémisse de l'attitude phénoménologique face à l'existence est l'un des fondements de la Sophrologie. Celle-ci doit également à la Grèce une grande partie de sa sémantique.

L'orient et l'époque du théos[3]

Les diverses traditions mystiques, notamment celles de l'orient, restent des exemples de premier ordre dans ***l'exploration de la conscience humaine*** et nous incitent à l'humilité.

---

[2] *Pour Platon l'équilibre interne entre les éléments qui constituent l'âme humaine ; l'une des quatre vertus cardinales auxquelles il se réfère avec la Sophia, le courage et la justice.*

[3] *Voir histoire de la conscience*

Le yoga est une ***voie spirituelle***, une discipline du corps et de l'esprit utilisant les énergies de l'homme pour le déconditionner et permettre sa libération physique et mentale.

Les exercices physiques et spirituels qui en découlent sont à la base de cette discipline et font appel aux ***postures*** ou asanas, au travail sur ***la respiration*** ou prana-yama, à la domestication des ***cinq sens***, à la méditation Dhyâna et la contemplation Samadhi.

Dans ce domaine, ce qui intéresse le Sophrologue n'est pas la philosophie indienne ou bouddhique elle-même mais ***la méthodologie de la méditation***, recherchant les états supérieurs de conscience et ***le processus agissant sur les états et niveaux de ladite conscience***. À la suite de son séjour en Orient, Caycedo a insisté sur l'importance qu'il convient d'accorder à ces méthodes.

Dans l'occident chrétien, Saint Thomas, Saint Bonaventure, Duns Escoto représentent au XIIIe siècle l'émergence d'une conscience mystique chrétienne qui n'a rien à envier aux mystiques orientales. ***La théologie de la mystique***, développant la contemplation mystique, introduit des concepts particulièrement intéressants pour nous sophrologues, pour l'étude des états modifiés de conscience. ***La méditation et la contemplation*** à travers l'oraison (prière du cœur) y sont aussi présentes qu'en Orient. La spiritualité, l'approche sensorielle, l'intuition, l'ascèse, l'union extatique, tous ces processus supérieurs de conscience sont présents et développés dans la littérature chrétienne d'une manière souvent quasi phénoménologique quant aux descriptions de vécus mystiques, aboutissant à la vision intuitive de l'essence divine[1].

La sophrologie ne prétend en aucun cas se substituer ou remplacer toutes ces mystiques, elle ne rentre pas en concurrence avec les religions. Ceci doit être bien compris, les reproches de certains religieux envers la sophrologie se situant souvent à ce niveau. La conscience supérieure en sophrologie n'est pas la recherche d'une conscience mystique, elle ne s'y oppose pas non plus, chacun étant libre de ses croyances. Pour le sophrologue, ce qu'il appelle

[1] *Husserl, l'intuition de l'essence, l'essence pure.*

conscience supérieure n'est pas une recherche d'absolu, mais plutôt l'acquisition d'une nouvelle conscience au quotidien dans laquelle se développe une présence à la vie, une capacité d'exister.

L'hypnose

La sophrologie, tout en reconnaissant les résultats probants dans certaines pathologies d'une application bien conduite de l'hypnose, s'en est inspirée, mais a constaté qu'elle n'englobait pas les multiples aspects et la finalité de notre discipline, telle que Caycedo l'a souligné lorsqu'il a abandonné l'hypnose après l'avoir étudiée.

Elle a donc substitué à la dépendance hypnotique l'autonomie du sophronisant, et, remplaçant la suggestion par le terpnos logos, a permis la démarche personnelle phénoménologique et existentielle du pratiquant grâce à la Vivance Phronique.

La relaxation

Ce concept est relativement galvaudé en raison de la multiplicité de ses emplois dans le langage courant, voire spécialisé. Cette méthode thérapeutique bénéficie de nos jours d'une vaste vulgarisation. Ses différentes techniques ont apporté des éléments non négligeables à la Sophrologie.

Deux méthodes, celle de Schultz à point de départ mental et celle de Jacobson à point de départ musculaire sont à la base de toutes les autres.

La sophronisation est une relaxation à point de départ physiologique par relâchement musculaire s'inspirant de Jacobson. Parmi les premières techniques utilisées en Sophrologie, « ***la technique de sophronisation activée par l'entraînement autogène*** » fait référence à Schultz.

La respiration est au centre du processus sophrologique tant comme présence à la Conscience que comme support aux exercices effectués en Sophro-Respiration Synchronique (SRS).

La phénoménologie

Pierre angulaire donnant valeur et signification à la Sophrologie Caycédienne, Caycedo en sa qualité de neuropsychiatre fut orienté par l'école phénoménologique et existentielle. La phénoménologie est certainement le point le plus délicat à exposer dans un livre de vulgarisation[1]. Lorsque nous affirmons que la Sophrologie est une philosophie, il ne s'agit pas uniquement d'une sagesse au sens des anciens philosophes, d'une sorte de sérénité fataliste ou d'un art de vivre mais de la recherche d'une existence positive nouvelle axée sur les valeurs essentielles de l'être humain. L'attitude phénoménologique va nous aider à trouver et découvrir ce qui a valeur pour nous et va nous aider à exister.

La phénoménologie, c'est la conversion du regard, c'est-à-dire un regard nouveau, sans idée préconçue, porté sur toute chose, c'est l'apprentissage de la liberté d'esprit, de l'ouverture et de la créativité. Cela donne toute son actualité et sa modernité à la sophrologie. Cette démarche réhabilite chacun de nous dans son individualité et fait apparaître nos spécificités et nos originalités.

La phénoménologie a pour fondement l'étude du phénomène, de ce qui apparaît spontanément à la conscience. Lors des séances d'entraînement sophrologiques, surgissent des sensations corporelles, des sentiments, des idées nouvelles. Apprendre à les capter sans idée préconçue, avec un regard neuf, comme si c'était la première fois, débarrassé de nos interprétations habituelles, permet de nous enrichir et crée de nouvelles relations avec les êtres et les objets qui nous entourent.

Dès lors la richesse des phénomènes qui nous viendront à l'esprit activera les projets formés, en facilitera la recherche et nous permettra d'adopter une nouvelle attitude face à l'existence, plus riche, plus positive,c'est-à-dire d'exister, d'être créateur et acteur de notre vie.

---

[1] *Heureusement il n'est pas besoin d'étudier la phénoménologie pour pratiquer la Sophrologie, les techniques sophrologiques activent spontanément lorsqu'elles sont bien guidées par des sophrologues entraînés une vivance de type phénoménologique. Pour ceux qui souhaitent approfondir la phénoménologie nous les renvoyons au livre du Dr Chéné « Sophrologie, Fondements et Méthodologie » Éditions Ellébore.*

Les séances d'entraînement procurent donc une transformation positive profonde, un enrichissement de notre être et offrent une nouvelle existence (d'où le terme de *« Sophrologie existentielle »*), un nouveau quotidien au travers d'une liberté redécouverte.

À la fin des séances, la description des phénomènes apparus en leur cours, « ce que nous dénommons ***phénodescription*** », *fixe* les nouvelles acquisitions de notre conscience.

La ***Sophro-Analyse Vivantielle de Caycedo*** (SAVC) définit la manière dont le sophrologue aide son patient à les présenter, ***sans*** *jamais chercher d'explication ou d'interprétation*. C'est notre conscience qui s'organisera elle-même, le sophrologue ne faisant que souligner et mettre en relief, la présence de la vivance dans le dialogue qui suit la séance.

Le philosophe allemand **Husserl** (1859-1938) est le père de la phénoménologie moderne. C'est à lui que revient le mérite d'avoir décrit le premier le processus de réduction phénoménologique ou *Réduction philosophique*[1] qui comprend trois étapes :

RÉDUCTION PHILOSOPHIQUE

- ***Le retour à la chose elle-même****, c'est-à-dire la focalisation de son attention sur le sujet évoqué.*
- ***La suspension du jugement ou épokhè***[2]*, c'est-à-dire éviter toute opinion sur le sujet évoqué en se libérant de ses a priori.*
- ***La mise entre parenthèses*** *c'est-à-dire créer un espace de méditation à l'intérieur duquel se révèlent tous les aspects du sujet évoqué.*

---

[1] *Cette première réduction d'Husserl a inspiré à Caycedo le premier cycle réductif de la méthodologie qui comprend les quatre premiers degrés de la R.D.C. et ses techniques spécifiques. Sans entrer dans les détails d'une philosophie difficile une autre réduction d'Husserl, la réduction eidétique a inspiré le deuxième cycle radical de la Méthode Alfonso Caycedo (degrés 5 à 8) et les concepts d'intentionnalité et de constitution.*

[2] *Subst. gr.: arrêt, suspension*

Cette théorie, premier temps de l'approche sophrologique, est le tronc commun de la phénoménologie husserlienne et de la Sophrologie caycédienne.

Heidegger[1] (1889-1976) philosophe allemand et **Binswanger**[2] (1881-1966), psychiatre suisse dont Caycedo fut le dernier disciple, complétèrent l'analyse de la phénoménologie.

Notre discipline a su développer, à côté de l'aspect purement philosophique de la doctrine, les méthodes concrètes permettant de faire émerger les phénomènes et de pouvoir les répéter et les vivre.

La Sophrologie caycédienne utilise la VIVANCE, en mettant en pratique les théories de la phénoménologie.

La ***« Sophrologie phénoménologique existentielle »*** correspond à la démarche profonde de la sophrologie, mais son intérêt par rapport à la phénoménologie pure philosophique est qu'elle possède des méthodes **pratiques** capables d'induire les phénomènes et de nourrir l'existence, de valeurs et du sens propre que leur donne chaque individu, par un processus d'entraînement existentiel débouchant sur un nouveau quotidien. La Sophrologie est ouverture, tolérance et Caycedo l'affirme lorsqu'il dit à ses élèves : ***"c'est à vous de découvrir votre propre phénomène, je vous apprends le Tétragramme, vous placez vos chiffres."***

Caycedo a conçu la sophrologie Caycédienne comme une profession inspirée de la Phénoménologie. C'est pour cette raison qu'il préfère l'appeler du néologisme ***"professionnalité"***.

La grande originalité de la Sophrologie Caycédienne est d'avoir su porter à la pratique les concepts théoriques difficiles et idéalistes de la phénoménologie.

---

[1] *Fondateur de la dimension existentielle dans la phénoménologie. Il a inspiré la dimension existentielle de la Méthode Alfonso Caycedo correspondant au troisième cycle (degrés 9 à 12). Le troisième cycle s'ouvre à l'existence positive de l'être, à la conquête des valeurs de l'existence sophronique.*

[2] *A créé la Dasein Analyse ou analyse existentielle. Cette manière phénoménologique d'analyser l'existence sans interpréter a également inspiré Caycedo dans la Sophro-Analyse Vivantielle (SAV).*

LA CONSCIENCE HUMAINE

Définition de la Conscience

Définir la conscience[1] n'est pas une mince affaire tant ce concept est source de divergences d'interprétation, certains en niant même la réalité.

Comme elle est difficilement accessible à l'investigation scientifique classique, qu'elle ne constitue pas une donnée biologique exploitable de psychologie expérimentale, on lui a reproché son caractère subjectif puisqu'on ne l'approchait jusqu'alors que par l'introspection. La phénoménologie en permet maintenant un abord nouveau et spécifique.

En Sophrologie, la Conscience humaine est considérée comme une force intégrant tous les éléments et toutes les structures physiques et psychiques de l'existence, la force qui anime la personne humaine : une énergie, un éclairement, un flux.

Le Pr. Caycedo définit la conscience humaine comme la force responsable de l'intégration de toutes les structures de l'existence de l'être

Elle est à la fois universelle et individuelle. *Universelle et transcendante* car elle permet à l'homme, par la démarche phénoménologique, d'atteindre les structures et essences universelles.

Individuelle et originale car elle tient compte des contenus différents pour chaque être humain, ce qui l'individualise.

L'homme étant le seul être qui a conscience de son existence, peut donc intégrer ses structures profondes voilées et découvrir les valeurs fondamentales de l'existence.

---

[1] *Lire sur le sujet le livre d'Henri EY, la conscience, 3e éd. chez Desclée de Brouwer, 1983*

Historique de la Conscience selon Caycedo

C'est l'histoire d'un processus de dévoilement. Nous allons le survoler.

La ***conscience tanière*** de l'homo Sapiens, 200 000 ans avant notre ère, authentifiait l'homme en le différenciant de l'animal. L'homme de Cro-Magnon, apparu en Europe 35 000 ans avant notre ère, se différencie de « l'autre » et s'individualise : c'est l'âge de la ***conscience de la caverne***.

Puis vient la ***conscience du logos*** où l'homme s'organise. À partir du IVe millénaire avant J-C, des civilisations s'établissent, grand tournant de l'humanité : la Grèce, la Syrie, l'Orient notamment.

La conscience du Theos induit le passage du polythéisme au monothéisme. Les Dieux-Hommes cèdent la place à un Dieu unique créateur, dans une société théocratique[1]. C'est ensuite la ***conscience du cogito***, fondement de la méthodologie scientifique, cherchant à expliquer le monde et l'univers.

Enfin, la ***conscience phénoménologique*** apparaît au XXe siècle avec un nouveau mode de raisonnement, qui renouvelle les voies d'approche des notions logiques, métaphysiques et éthiques. Sans remettre en cause les acquis de la science, elle en trace les limites en constatant d'une part que cette dernière n'est que le reflet d'un système de conventions préétablies, et, d'autre part, qu'elle ne peut pas s'appliquer à la conscience humaine et à son expérience vécue.

La ***conscience sophronique*** marque l'étape dans laquelle la sophrologie fait son apparition et trouve son identité en donnant aux hommes les moyens d'accéder à la libération de leur conscience grâce à des techniques qui permettent, dans une liberté responsable, de dégager les valeurs fondamentales de chaque être.

[1] *Mode de gouvernement dans lequel l'autorité, censée émaner directement de la Divinité, est exercée par une caste sacerdotale ou par un souverain considéré comme le représentant de Dieu sur la terre*

LES QUATRE PILIERS DE LA SOPHROLOGIE CAYCÉDIENNE

Avant de présenter les grands principes de la Sophrologie caycédienne il apparaît nécessaire d'évoquer succinctement les quatre piliers qui la résument :

1er PILIER

DES BASES JURIDIQUES QUI LA PROTÈGENT
AU NIVEAU INTERNATIONAL ET AUTORISENT LEUR EXERCICE LÉGAL.

Pour éviter la banalisation qu'a subie la Sophrologie, la Fondation Alfonso Caycedo a dû déposer et breveter le vocable SOPHROLOGIE CAYCÉDIENNE © et ses dérivés terminologiques et méthodologiques, à IOMPI de Genève et autres organismes responsables de la protection de la Propriété Intellectuelle et Industrielle au niveau international. Son utilisation et son emploi sont réservés aux sophrologues caycédiens dûment qualifiés et aux personnes naturelles et juridiques autorisées légalement par la Fondation.

2e PILIER

UNE MÉTHODOLOGIE PROPRE ET EXCLUSIVE BASÉE SUR
LA MÉTHODE ALFONSO CAYCEDO

Cette méthode est composée de trois techniques :

a) La Relaxation Dynamique de Caycedo (RDC)© comprend 12 degrés et les techniques spécifiques de chaque degré.

b) L'Entraînement Sophrologique Caycédien (ESC)© composé par différents protocoles qui permettent l'adaptation de la méthode à ses différentes applications.

c) La Sophro-Analyse Vivantielle Caycédienne (SAVC)©
Permet aux sophrologues caycédiens d'orienter la pratique de la Vivance Phronique qui est la base du bon résultat du procédé.

Les sophrologues caycédiens vivent eux-mêmes ces méthodes comme entraînement existentiel au long de leur formation, laquelle leur permettra leur application correcte au niveau clinique ou au niveau socio-prophylactique, selon leur réalité objective et professionnelle.

3E PILIER

UNE ÉPISTÉMOLOGIE CLAIRE ET COHÉRENTE.

Les concepts et théories qui constituent l'Epistémologie de la Sophrologie ont été conçus par le Pr. Alfonso Caycedo, au long de sa recherche phénoménologique et existentielle, et sont les bases scientifiques de l'École Sophrologique.

4E PILIER

UNE SÉMANTIQUE CORRECTE ET ORIGINALE.

Autant le terme Sophrologie que Sophrologie Caycédienne, ainsi que leurs dérivés terminologiques et sémantiques, ont été créés par le Pr. Alfonso Caycedo, qui a doté la Sophrologie d'une terminologie propre et originale.

LES TROIS PRINCIPES DE CAYCEDO

Ces trois principes fondamentaux constituent l'Essence même de la Conscience Sophrologique et guident, en permanence, l'action du Sophrologue et de ses élèves.

Le Principe d'action Positive

Toute action positive dirigée vers la Conscience se répercute positivement sur tous les éléments psychiques de l'être.

Le rôle de la percussion du positif sur la Conscience est de *dynamiser ce positif*.

Toutes les méthodes de la Sophrologie respectent ce principe, à tel point qu'on peut affirmer qu'elle est l'école du positif de l'être.

Dans *l'activation*, le choix du sophrologue se portera le plus possible sur les contenus que le sujet considérera lui-même comme positifs : mots, images, sensations, projets, souvenirs, etc. Le positif, ce n'est pas « tout le monde, il est beau, il est gentil », c'est ce qui se vit en nous aujourd'hui, ici et maintenant, au sein de notre conscience, avec la force de notre vie dans une direction de construction, d'amélioration.

Pourquoi, toujours le positif ? Parce que, seule, la répétition d'une habitude positive au quotidien mène à l'harmonie et à une conscience sophronique. Le positif inclut une attitude de responsabilité, de dignité humaine qui améliore l'intégration dynamique de l'être et le mène vers les états de conscience supérieure et non pathologique.

Le vécu positif de notre passé va nous permettre de faire une recherche constructive sur celui-ci, démontrant que nous avons été à l'origine d'actions porteuses de valeur dans notre existence. C'est un tremplin pour notre avenir. La confiance dans nos racines est une source énergétique d'espoir.

Le Principe du schéma corporel comme réalité vécue

> ***« La conquête du corps est la conquête de l'esprit ».***
> ***Tout passe par le corps, c'est ce que nous appelons la corporalité.***

Le schéma corporel est *la représentation que chacun se fait de son corps incluant* non seulement un contenu physiologique, mais également un contenu affectif et émotionnel, des facteurs sociaux, le corps sexué, les jugements de valeur sur le corps, etc.... Ne dit-on pas d'ailleurs que le corps porte notre histoire ?

La notion de "Schéma corporel", en Sophrologie comprend ainsi la perception simultanée de soi, aux trois niveaux essentiels de la Conscience :

- **Le niveau physique physico-organique,**
- **le niveau affectif instinctivo-moteur ou affectif-émotionnel-sensitif,**
- **le niveau psychique-intellectuel-intuitif.**

Un schéma anatomique simple ci-dessous fait comprendre que le schéma corporel est un carrefour situé entre les aires de réception (sensations, perceptions), la mémoire et les aires motrices, d'action, de prévision, et de délibération. Il opère la liaison entre le corps propre et le monde extérieur, entre l'espace subjectif de l'individu et l'espace objectif externe.

FIGURE 3
LOCALISATION ANATOMIQUE DU SCHÉMA CORPOREL
COMME CARREFOUR

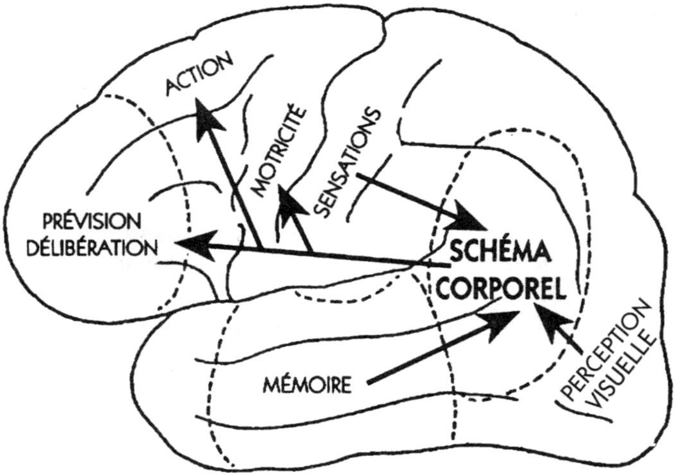

Le schéma corporel ne se limite pas au corps et cette zone anatomique ne concentre pas tous les aspects du schéma corporel qui en s'enrichissant par la Vivance détermine un nouvel espace de conscience qui n'est plus circonscrit anatomiquement, mais s'étend d'une manière diffuse. Il est une capacité universelle et existentielle, fondamentalement évolutive et perfectible. Le Principe d'intégration du schéma corporel en tant que réalité vécue signifie que la conquête du corps est la conquête de l'esprit : c'est cela qu'on appelle la corporalité, ce vécu dans les couches les plus profondes de la conscience. Le corps est un trésor pour la Vivance.

Dévoiler un espace intermédiaire profond entre corps et esprit, espace qui attache et sépare l'être humain et s'appelle la ***Région Phronique*** est la première tâche fondamentale du sophrologue. L'entraînement sophronique produit une transformation progressive de la Vivance du corps : découverte, conquête et transformation.

Notre intention n'est pas seulement la thérapie, c'est l'existence des valeurs de l'être jusqu'aux dimensions les plus profondes de la Conscience. La Vivance du corps est ici un préalable incontournable, la corporalité est le support de tout le processus.

C'est pour cela que nous commencerons dans la Relaxation Dynamique par la Vivance du corps : le corps est la voie de présentation de la conscience qui, si elle se fait au présent, incorpore le passé et se projette dans l'avenir[1]. Nous poursuivrons dans la Relaxation Dynamique de Caycedo II par la Vivance de l'esprit qui est la découverte de notre esprit qui s'anime en nous, qui agit, au travers de la conscience. La Vivance de son propre corps comme objet de concentration dépasse la simple prise de conscience physique et permet l'acceptation du schéma corporel.

Nous continuerons dans la Relaxation Dynamique de Caycedo III par la rencontre du corps et de l'esprit qui apporte un processus de globalisation du schéma corporel dans la conscience. Ici, la Vivance n'est plus corporelle ou mentale, mais fusionne en une seule unité.

Enfin dans la Relaxation Dynamique de Caycedo IV, le schéma corporel s'enrichira de nos valeurs, grâce à la liberté que nous avons acquise, ce qui entraîne la responsabilité et la dignité de notre être devenant maître de son existence.

[1] *Tridimension unitaire du temps de Heidegger*

En Inde, un vieux yogi faisait tous les jours des exercices très compliqués de hatha-yoga. Caycedo lui demanda le but de cette ascèse, eu égard à son grand âge. Il répondit : "en accomplissant chaque jour des exercices comme ceux que vous venez de voir, je prends conscience de nouvelles parties de mon corps, donc j'élargis mon champ de conscience". Il donnait ainsi une parfaite illustration de la corporalité.

Le Principe de la Réalité Objective

La réalité objective s'attache à la personnalité du sophrologue qui doit comprendre et percevoir son propre état de Conscience pour en tenir compte face à celui de son patient.

C'est ce qui l'autorise à se conduire en ***guide*** et à établir *l'alliance*. La qualité de la relation du sophrologue avec son patient ou son groupe relève donc de sa propre condition existentielle. Caycedo dit : *« il n'y a pas d'acte notarial sans notaire. De même façon, il n'y a pas d'entraînement sophrologique sans sophrologue car il est nécessaire d'établir un principe de réalité objective ».*

Le sophrologue doit donc être un professionnel qualifié par des institutions reconnaissant que la Sophrologie caycédienne est à la base de sa formation dans son propre domaine d'activités, ce qui implique pour lui qu'il doit connaître l'état de sa conscience existentielle et l'activer en permanence.

L'ALLIANCE SOPHRONIQUE

Terme créé pour désigner la relation spécifique entre le sophrologue et le sophronisant qui doit être comprise comme un rapport phénoménologique existentiel.

Sa différence avec le "transfert" de l'école psychanalytique réside dans une différence de conception de la rencontre. En psychanalyse, l'analyste est défini comme le maître, le père tandis que l'analysant développe une relation d'enfant à parent ou à adulte.

En Sophrologie, il s'agit d'une relation d'égale valeur : sujet-sujet, adulte-adulte. Le sophrologue et le sophronisant établissent une expérience privilégiée à partir de la Vivance. Dans ce contexte, le sophrologue est avant tout un guide : son but est que le patient travaille en toute autonomie. Dans l'analyse sophrologique, il n'interprète pas les phénomènes, il active simplement leur émergence, laissant à la conscience du sophronisant le soin de les organiser elle-même.

LE TERPNOS LOGOS[1]

Ce terme spécifique à la Sophrologie est d'origine grecque et a été conçu pour désigner l'action verbale et la manière dont la parole du sophrologue s'adresse au sophronisant.

Pour Caycedo, le terpnos logos est : *"...La façon verbale basée sur la persuasion, le ton harmonieux, etc. avec lequel le sophrologue dirige la sophronisation".*

La voix du sophrologue, sans être affective, doit induire la confiance, le relâchement, l'apaisement, le bien être et l'adhésion par un tempo régulier sans inflexion trop prononcée.

Le terpnos logos permet une double action :

- Une fixation de l'attention du sophronisant qui se concentre sur la Vivance, et ressent des phénomènes augmentant la réceptivité aux situations proposées,

- Un approfondissement de la Conscience sophro-liminale puis de la conscience Isocay.

[1] *Un des premiers termes créés par Caycedo.*

Se trouve ainsi facilité, le travail intrasophronique. En outre, il permet la présence au temps dans sa tridimensionnalité, passé présent et avenir.

Le terpnos logos s'oppose à la suggestion en cherchant l'adhésion du sophronisant, ce qui permet d'agir sur les plans conscients, rationnels et volitifs. Il constitue ainsi le fondement d'une alliance et non d'une soumission ou d'un transfert.

C'est l'outil privilégié du sophrologue, sa "voix" de communication.

LA VIVANCE[1]

Le mot "Vivance" est un néologisme formé par Caycedo, inspiré de l'Espagnol «vivencia» et fait partie de la sémantique propre à la Sophrologie[2]. C'est la ***rencontre phénoménologique*** qui est à la base de notre école.

La Sophrologie Caycédienne est fondée sur les deux lois fondamentales de la Vivance :

- La loi de la Vivance phronique,
- La loi de la répétition vivantielle.

La loi de la Vivance phronique

Caycedo la décrit comme la rencontre du corps et de l'esprit dans la profondeur de la Conscience (pendant la sophronisation) qui produit une transformation des structures de l'être.

La Vivance permet les trois étapes du processus de dévoilement : découvrir, conquérir et transformer la région de rencontre entre le corps et l'esprit appelée la ***Région Phronique***.

[1] *Théorie Caycédienne du « processus vivantiel de l'être » ou « Théorie des structures phroniques ». La Vivance*

[2] *Le terme allemand le plus proche est « Erlebnis »*

Le mot Vivance représente quelque chose de plus que le simple vécu qui se fait à partir de nos représentations mentales habituelles, de nos contenus de conscience naturelle. La vivance se fait en se débarrassant de ses a priori, en accueillant dans sa conscience tous les possibles. Elle se réalise au niveau du corps et de l'esprit. Elle détermine une nouvelle expérience aux niveaux profonds de la conscience qui nous impacte et nous renouvelle. Lopez Ibor dit : *"on pourrait arriver à une coïncidence en parlant d'impact émotif. Impact signifie choc avec pénétration, comme celui du projectile dans la cible. Le choc émotif a pénétré profondément, s'est incorporé à la vie psychique propre du sujet. C'est une expérience vécue par lui-même. La Vivance n'est pas un fait élémentaire mais quelque chose qui participe de toute la vie psychique"*.

La Vivance en Sophrologie est avant tout la loi de la transformation car, après chaque expérience vivantielle, les choses ne seront jamais plus tout à fait comme avant. Élémentaire au commencement, elle va faire du sophronisant qui la répète celui qui découvre davantage de choses et qui va plus loin dans son comportement. Il découvre la vie qui se vit en lui au quotidien, de plus en plus, il ne la laisse pas s'échapper.

La loi de la répétition vivantielle

Le Pr. Caycedo la définit comme la répétition de la Vivance qui conduit à la transformation de l'être en trois étapes : découverte, conquête, transformation.

Les techniques sont plus efficaces si elles sont *rapides et répétées*. Chacune peut durer 10 minutes. Leurs répétitions apprises préalablement avec le sophrologue, peuvent s'effectuer avec la cassette des séances enregistrées qui est un support d'entraînement précieux. Il doit y avoir une évolution avec l'apprentissage de nouvelles techniques.

Cette mise en place répétitive du phénomène, sans interprétation, transforme progressivement le sophronisant, et le sophrologue doit être capable d'observer cette transformation.

"La conquête de la Conscience sophronique n'est pas un cadeau naturel, c'est un travail, plus une lecture".

Le processus vivantiel

La Théorie du "processus vivantiel de l'être" représente la transformation du corps et de l'esprit s'établissant progressivement au cours des pratiques d'entraînement sophrologique

La Conscience est une énergie[1]. Elle peut donc exercer son dynamisme dans une direction déterminée. C'est ce qu'on appelle un processus vivantiel

Toute la méthodologie sophrologique Caycédienne tient dans le processus vivantiel.

Le terme signifie qu'après un commencement, il y a un développement conduit avec progressivité pour aboutir à une autre dimension. Il consiste dans le déroulement phénoménologique de la succession des phénomènes évoluant vers la découverte de la Conscience voilée. C'est le ***processus de dévoilement***.

Caycedo nomme ce processus ***"entraînement sophrologique"*** car précise-t-il, il n'est pas lié uniquement à la thérapie mais concerne également la pédagogie, le sport et les applications sociales. C'est en fait une ***"discipline de l'existence"***.

Au terme « processus » s'ajoute celui de « vivantiel » qui signifie que la base du processus est la vivance phronique de la conscience profonde qui constitue elle-même la « mise en marche » de celui-ci constitué par trois éléments : la respiration, la corporalité et l'intentionnalité.

Il y a un processus vivantiel négatif de la Conscience pathologique et un processus vivantiel positif de la Conscience sophronique, celui que nous recherchons.

[1] *Théorie des Structures phroniques*

La Vivance sophonique

Il s'agit de l'expérience vivantielle externe, qui se produit grâce à la rencontre de nos valeurs internes découvertes pendant le 1e et 2e cycles, Vivance en relation avec le monde qui nous entoure. Nous pouvons y vivre les objets, les êtres. Nos valeurs de vie se transportent au quotidien dans le monde extérieur et à l'existence. Cette Vivance est plus particulièrement approfondie dans le 3e cycle.

THÉORIE CAYCÉDIENNE DE L'INTÉGRATION DYNAMIQUE DE L'ÊTRE[1]

Elle montre les trois structures phroniques de l'être

Cette figure de la Coupe (page suivante) permet de saisir la théorie de l'intégration dynamique de l'être. Il existe trois mondes :

Il existe trois mondes :

- ***Le Monde des phénomènes sous-jacents***
- ***Le Monde des phénomènes latents***
- ***Le Monde des phénomènes présents***

- Le Monde des phénomènes sous-jacents biologiques, agissant avec leur langage, est situé à la base de la coupe (la nuit, l'historicité). Ces structures sont, a priori, muettes en conscience ordinaire, mais l'entraînement sophrologique doit permettre de les faire revivre. Ces structures biologiques sont celles que l'on trouve dans les racines de la biologie humaine au niveau cellulaire et moléculaire comme la réserve génétique, la mémoire cellulaire, l'intégration des structures moléculaires, la fonction des tissus, l'intégration de l'individu, la conservation de l'espèce, l'intégration de la Conscience, qualités essentielles propres à l'être humain.

[1] *Théorie Caycédienne de l'intégration dynamique de l'être*

FIGURE 4
LA COUPE SOPHROLOGIQUE,
LES TROIS STRUCTURES PHRONIQUES DE L'ÊTRE HUMAIN.

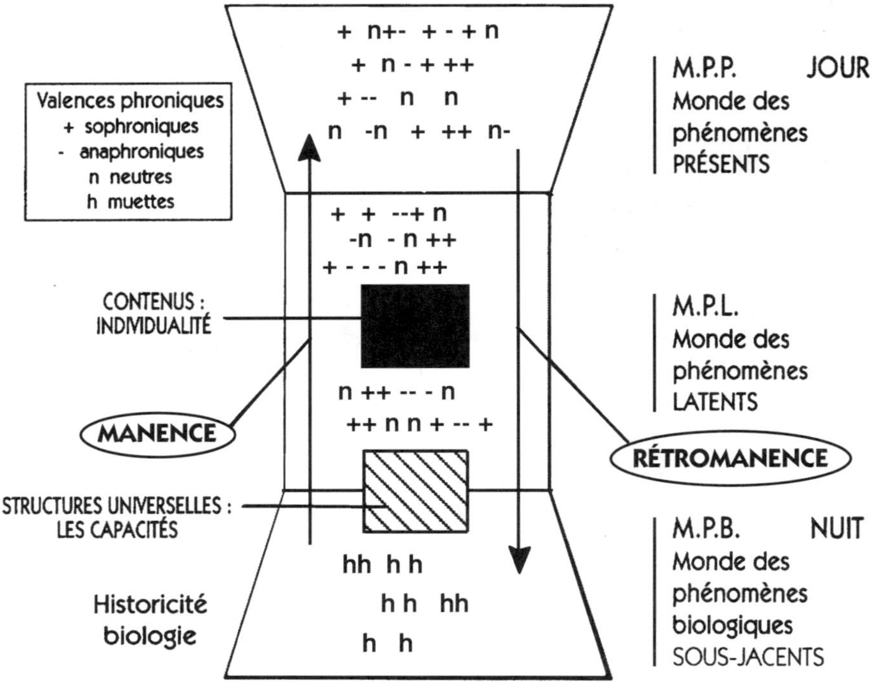

<u>- Le Monde des phénomènes latents</u>, proches de l'émergence, préconscients, situé dans la jambe de la coupe. Il contient des structures universelles, les Capacités qui sont situées aux confins du sous-jacent et du latent. Il contient également nos contenus individuels. La jambe de cette coupe est le lieu de passage entre la biologie et l'existence et inversement[1]. Réservoir de notre individualité, lieu d'ex-

[1] *Il s'agit là des techniques de manence et rétromanence*

pression de notre schéma corporel, la jambe coordonne notre individualité, notre personnalité, notre identité. Quelque part elle représente notre permanence au travers de notre évolution existentielle.

- Le Monde des phénomènes présents, domaine de la connaissance, "le jour" est situé dans le réceptacle de la coupe, ouvert vers le haut, vers l'existence illimitée comme la conscience. Une nouvelle quotidienneté doit nous amener à vivre ce monde présent au travers d'un haut niveau de conscience donnant un sens profond aux valeurs existentielles qui sont liées au comportement des êtres humains et ancrées, comme sentiments vitaux, dans les valeurs biologiques

Théorie de l'intégration dynamique de l'être

L'intégration dynamique de l'être est la dynamisation phénoménologique qui, partant du monde biologique se projette dans le monde présent et l'existence.

Les structures phroniques possèdent à l'état latent et sous-jacent toutes les possibilités pour l'être humain d'une conquête et d'une transformation.

Chaque jour, au réveil, nous sortons des mondes sous-jacents et latents pour nous élancer vers le monde présent, que nous révèle notre conscience après le travail d'intégration du sommeil. Chaque soir, au coucher, nous retournons vivre dans le silence de la nuit en emmagasinant nos acquis du jour dans nos structures profondes. Ce mécanisme naturel de la conscience réalisé tous les jours, cette intégration dynamique de l'être, nous les potentialisons en Sophrologie aux niveaux les plus profonds de la conscience, grâce à nos techniques spécifiques de totalisation et de R.D.C.. ***La manence et la rétromanence*** sont les deux techniques de base. Faire émerger notre capital biologique vers l'existence et imprimer à notre monde biologique le vouloir de notre capacité d'exister renforcera l'intégration de notre être, bien au-delà d'une simple amplification de l'ego. Toute notre capacité existentielle en sortira agrandie.

Les Capacités de la conscience

Les Capacités de la conscience sophronique sont des structures universelles qui sont contenues dans les mondes latents et sous-jacents de la Conscience.

La description de 31 capacités universelles de la Conscience sophronique a été faite par Caycedo en 1983, à l'époque où il créait la Sophrologie sociale à Bogota et constituait une partie du programme de ses élèves. La recherche phénoménologique des capacités a été poursuivie, et, dans la théorie actuelle des capacités de l'être, elle nous mène à la profondeur de celles-ci en découvrant les structures radicales de la conscience. Nous énumérons les 34 capacités actuellement décrites en Sophrologie, chacun, devant les vivre pour lui-même, lors des séances d'entraînement.

1 - Le rythme sommeil-réveil
2 - Le schéma corporel comme réalité vécue
3 - La Cénesthésie[1]
4 - La kinesthésie[2]
5 - Les sensations
6 - La perception
7 - Le sentiment
8 - La mémoire
9 - L'orientation
10 - La pensée
11 - L'attention
12 - La concentration
13 - La contemplation
14 - L'association

[1] *Sentiment que chaque individu a de son corps*
[2] *Perception consciente de la position des parties de son corps*

15 - Le langage

16 - L'intelligence

17 - L'apprentissage

18 - La communication

19 - La sexualité

20 - La conservation

21 - L'imagination

22 - L'émotion

23 - L'affectivité

24 - Le dépassement de soi

25 - La sociabilité

26 - La futurisation

27 - L'entendement

28 - La rationalisation

29 - La réflexion

30 - La volonté

31 - La Conscience morale

32 - La Présentation

33 - La Prétérisation

34 - La Totalisation

Cette liste n'est pas limitative et chacun doit rechercher à travers son propre vécu existentiel, les capacités qui sont davantage porteuses de sens pour lui.

CARACTÉRISTIQUES DES GROUPES D'ENTRAÎNEMENT SOPHROLOGIQUE

À côté de l'entraînement individuel et de l'entretien particulier en sophrologie, existent des groupes d'entraînement, qui sont spécifiques à notre discipline.

Il doit s'agir d'un groupe calme, de dévoilement progressif de la conscience, non psychanalytique, n'utilisant pas le psychodrame, respectant chaque conscience, la liberté de parole et laissant chacun faire son chemin à son rythme.

Tous les groupes possèdent en commun des traits généraux :

- Ils rassemblent des personnes possédant le même désir : culturel, artistique, athlétique ou autres,

- Ils s'organisent et ont une dynamique interne, chacun des éléments constituants s'intégrant dans une synergie qui « bouscule » l'individu et le pousse au-delà de ses inhibitions,

- Ils naissent d'un désir commun, vivent ce désir et meurent lorsque ce désir, assouvi se dilue et ne représente plus une motivation suffisante,

À ce titre, la Relaxation Dynamique de Caycedo n'est pas différente des autres groupes.

Mais tous les groupes possèdent une spécificité :

- Du fait même de l'originalité du désir créateur du groupe,

- Du fait même de la dynamique interne qui régit leur fonctionnement ; chacun utilise, en effet les outils ou théories qui lui sont propres.

Le groupe de R.D.C. n'est pas thérapeutique comme les groupes de psychodrame, analytique, transactionnel, de Gestalt ou de bioénergie, mais ***évolutif***. Il est centré sur l'individu et sur ses capacités à évoluer vers un mieux-être et à élargir son champ de conscience.

Le groupe de Relaxation Dynamique est une quête, une recherche ; chacun participe à sa propre évolution centrée sur son individualité. Comme l'auberge espagnole, chacun vient y trouver son vécu et en extraire sa propre expérience. Il est ouvert.

Le groupe va aider l'individu à prendre conscience, accepter puis dépasser ses inhibitions et ses blocages, progressivement, sans le heurter.

Le groupe va favoriser l'émergence et l'expression de la vivance. En effet, si chacun poursuit sa propre quête, le groupe va permettre à l'individu de percevoir que celle-ci peut passer par des sensations, des sentiments et des émotions que d'autres dans le groupe sont capables de ressentir et de partager. La notion de « groupéïté » va alors apparaître, l'individu va se sentir, sinon solidaire, en tout cas respirer au même rythme que les autres.

Une différence essentielle du groupe de R.D.C. d'avec les groupes thérapeutiques tient au rôle de l'animateur.

- Il ne recherche pas à faire vivre dans tous ses aspects le blocage ou la peur et à presser l'individu jusqu'à la crise. Il ne s'agit pas en effet de casser, briser les blocages mais de permettre à ceux-ci d'être ressentis puis, au cours des séances, apprivoisés et dépassés,
- ***Il ne s'agit pas non plus d'analyser une façon d'être et d'agir, mais seulement de prendre conscience de son état et de l'améliorer en douceur.***

En R.D.C., le rôle du sophrologue n'est plus celui d'un thérapeute mais d'un accompagnateur ; il va, peu à peu, en progressant sans heurts et selon les trois principes de Caycedo, amener l'individu à la conscience de lui-même, au groupe et à la groupéïté puis aux grandes "Valeurs". Toute la relation de l'animateur et de son groupe va se faire dans ce processus de découverte de l'autre et soi-même. L'évolution, accompagnée pas à pas, par le sophrologue passe par une alliance. Cette alliance est à créer et elle dépasse la notion analytique du transfert.

Le processus évolutif de la R.D.C. repose sur la Vivance et son interprétation phénoménologique. Cette évolution progressive se fait par l'intermédiaire d'une « réduction » phénoménologique qui va permettre l'éveil de la conscience grâce à un glissement reproduisant l'évolution des différents stades de la conscience déjà exposés.

Toute cette évolution se retrouve dans **les 12 degrés de la R.D.C**. et ses trois cycles qui vont, par un entraînement quotidien et à travers cette répétition, permettre à l'individu de créer puis de conquérir sa liberté, harmoniser ses deux pôles que sont l'esprit et le corps et créer ainsi la « région phronique » et ses différentes qualités.

LA RÉGION PHRONIQUE[1]

Définition de la Région Phronique

> ***Terme conçu pour désigner un nouvel espace qui se constitue entre le corps et l'esprit à la suite de l'entraînement sophrologique. Il est le support de la conscience sophronique***

« La Sophrologie ne peut exister sans le concept de la Région Phronique, de la même manière que la psychanalyse ne peut pas exister sans le concept de l'inconscient. La finalité de l'étape réductive est la découverte de la Région Phronique

La Région Phronique est l'espace intérieur, constitué par l'entraînement phronique fondamental (premier cycle la Relaxation Dynamique de Caycedo), où le corps et l'esprit établissent la relation phénoménologique qui les transforme en Moi Corporel et Moi Présentiel. Ensuite ils se mettent en relation pour constituer le Moi Phronique, grâce à l'entraînement Phronique Radical." Caycedo[2].

Il s'agit d'une nouvelle région dans notre conscience qui se constitue et se rassemble grâce à l'entraînement sophrologique, engrangeant les acquisitions progressives de la vivance, de la vie qui se vit en nous, et nous permettant d'exister avec nos propres contenus personnels et d'acquérir une nouvelle quotidienneté. Cette région existe potentiellement chez chacun de nous, mais elle n'est pas développée. La Sophrologie va nous permettre de développer cette région de conscience pour nous transformer. Nous pouvons constater très simplement par la pratique qu'elle se construit puisque progressivement nous retrouvons plus facilement ces états supérieurs de conscience avec l'entraînement. La découverte et la conquête de la Région Phronique mènent donc à une transformation de tout notre être.

---

[1] *Théorie Caycédienne de la Région Phronique. Théorie la Région Phronique comme dimension radicale de la Conscience*

[2] *Bulletin de la Fondation Alfonso Caycedo, mai 92*

La Région Phronique, dimension radicale de la Conscience représente l'espace intérieur, créé et constitué par l'entraînement phronique réductif[1] où le corps et l'esprit établissent la relation phénoménologique. Celle-ci fera apparaître les dimensions corporelle et mentale de l'être.

FIGURE 5
LA RÉGION PHRONIQUE

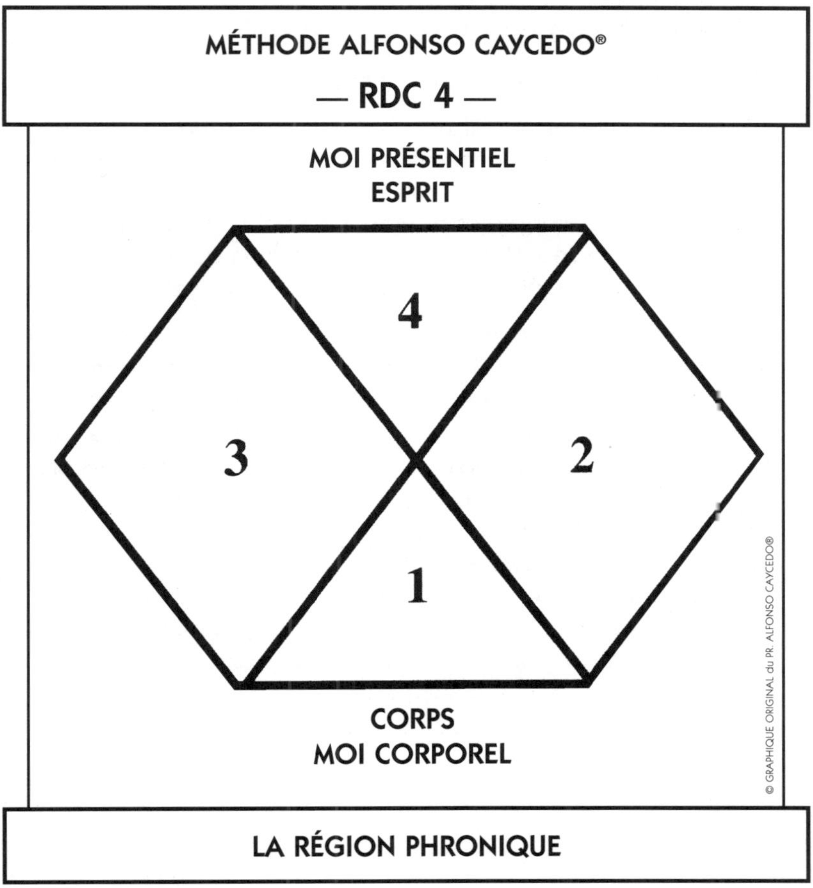

[1] *(L'entraînement phronique réductif ou quatre premiers degrés de la Relaxation Dynamique de Caycedo).*

La Région Phronique représentée dans la figure à la page précédente est tridimensionnelle.

Elle est figurée par un hexagone symbolisant la tridimensionnalité du temps : présent, futur, passé dans une totalisation. L'hexagone comprend les quatre parties :

1 - Présentation

2 - Futurisation

3 - Prétérisation

4 - Totalisation

qui sont unitaires[1] à l'intérieur de cet espace.

La Région Phronique est un espace nouveau de Conscience, une sorte de « No man's land » de la Conscience ordinaire, un espace non foulé, un espace à remplir et à construire mais latent, dont toutes les potentialités prêtes à exister peuvent se déployer dans la Conscience humaine. **L'existence** est la relation qui s'établit dans cet Espace intermédiaire intérieur entre le corps et l'esprit.

C'est par la Vivance phronique que la Région phronique va être dévoilée. On établit donc une relation dans cet espace intermédiaire intérieur entre la dimension corporelle et la dimension mentale de l'être, faute de quoi la Conscience est chaotique et ordinaire ; elle reste dans les a priori, les représentations mentales apprises, les présupposés. La Région phronique est donc un espace pour exister, non fonctionnel au début car la Conscience naturelle, habituelle, n'a ni région, ni espace, les choses étant, en quelque sorte préétablies une fois pour toutes. Par contre la Conscience phénoménologique et existentielle n'est pas figée et son entraînement permet de vivre les choses d'une autre façon ; celle de l'être qui existe.

[1] *Tridimension unitaire (tridimensionnalité) du temps de Heidegger*

LES VALEURS DE L'HOMME ET LA NOUVELLE AXIOLOGIE SOPHROLOGIQUE[1]

La déclaration de Recife

Du 25 au 29 Août 1977 au Brésil, à Recife, se déroule le Symposium Panaméricain de Sophrologie et le Pr. Alfonso Caycedo est nommé Professeur Honoris Causa des Universités de Pernambouco et d'Olinda dans le Nord-est du Brésil. C'est à cette occasion que Caycedo prononça un discours (Déclaration des Valeurs de l'homme) qui s'imposa comme le texte de base éclairant la Sophrologie sur le plan des valeurs de l'être.

Selon Caycedo et sous l'éclairage sophrologique, « la nouvelle axiologie sophrologique » est l'art qui étudie ***les valeurs de l'être et les considère comme des structures essentielles pour l'existence humaine"***.

Il y précise sa théorie des valeurs dans les termes suivants :

..."La Sophrologie entend par Valeurs de l'Homme les qualités spécifiques qui caractérisent l'être humain et le définissent comme étant doté d'une Conscience indivisible, originale et transcendante...

Les valeurs de l'homme, à la lumière de la Sophrologie, peuvent se classer en trois catégories, intimement unies, selon qu'elles trouvent leurs racines au niveau biologique, vital ou historique. Ce sont les Valeurs propres de la Conscience Naturelle qui se découvrent pendant le 1er Cycle de la Méthode Alfonso Caycedo. Elles sont de trois catégories :

- ***Les valeurs biologiques*** *sont celles que l'on trouve dans les racines de la biologie humaine au niveau cellulaire et moléculaire comme :*

    a- Le capital génétique
    b- La mémoire cellulaire

1 *Théorie Caycédienne des grandes Valeurs de la Conscience sophronique.*

c- L'intégration des structures moléculaires
d- La fonction des tissus
e- L'intégration de l'individu
f- La conservation de l'espèce
g- L'intégration de la Conscience, qualité essentielle propre à l'être humain.

• ***Les valeurs vitales*** *sont liées au comportement des êtres humains et ancrées, comme sentiments vitaux, dans les valeurs biologiques, comme :*
a- L'individualité
b- La constitution du foyer comme cellule fondamentale de la famille
c- La famille en tant que structure fondamentale du tissu social
d- L'intégration sociale nécessaire pour le fonctionnement d'un organisme vivant : l'humanité totale.

• ***Les valeurs historiques*** *constituent le patrimoine et la conquête de l'humanité au travers des siècles et, parmi elles :*
a- La religion sous toutes ses formes
b- La politique (l'intérêt pour la chose publique) dans toutes ses manifestations
c- La science
d- L'art
e- La culture
f- La communication.

La Sophrologie a pris Conscience de l'humanité qui a commencé à vivre la plus grande crise de son histoire, car les valeurs de l'homme se trouvent attaquées au niveau biologique, le développement même de notre civilisation étant en danger. Le processus de désintégration que vit l'homme de notre temps peut conduire à l'auto destruction de notre culture, si on ne trouve pas de solutions urgentes et adéquates... Les graves altérations dont souffre l'humanité pourraient être désignées sous le nom de "maladie de masse", car les symptômes se manifestent dans tous les groupes humains sans distinction de pays, de races, de politiques ou de religions...

La cause de ce grave processus se trouve dans le manque de structures appropriées à l'être humain de notre temps, pour faire face à une réalité qu'il vit pour la première fois de son histoire : la nommée civilisation de consommation ou civilisation de masse, qui a précipité l'individu dans un monde sans signification et a amoindri ses valeurs au niveau biologique.

Devant ce phénomène de masses irréversible et à progression inévitable, la seule solution se trouve dans la mobilisation des réserves génétiques qui se trouvent à l'état sous-jacent dans la structure biologique de l'homme. La science a prouvé son énorme potentiel et sa capacité de donner l'origine à de nouvelles structures où peut exister la possibilité d'adaptation à de nouvelles circonstances.... »

On peut penser que si vingt-cinq ans se sont écoulés depuis cette déclaration, les termes en sont toujours d'actualité. Ils comportent l'expression de valeurs immuables que la sophrologie s'honore de mettre en pratique dans le contexte de notre actuelle civilisation.

La Déclaration de Genève

Le 17 mai 2001, en Suisse, le Pr. Caycedo prononce une conférence dans l'Auditoire des Droits de l'Homme de l'Université de Genève, sous le titre « Déclaration des Valeurs Radicales et Existentielles de l'Homme » avec laquelle il complète sa « Déclaration de Recife » prononcée 24 années auparavant.

De cette façon s'intègre la table des valeurs propres de la nouvelle axiologie sophrologique qui reçoit le nom unitaire de Déclaration de Genève ou Déclaration des Valeurs de l'Homme, avec laquelle le Pr. Caycedo constitue la Sophrologie Caycédienne comme science des Valeurs de l'Homme à la base d'une nouvelle axiologie.

Les Valeurs Radicales sont des valeurs d'essence phénoménologique, sans lesquelles l'homme ne serait pas ce qu'il est. Elles se découvrent par la pratique du deuxième cycle ou Cycle Radical de la Méthode Alfonso Caycedo et représentent l'ouverture vivantielle vers les plans les plus profonds de l'être.

Les Valeurs existentielles sont les valeurs propres à animer l'existence humaine et à lui donner un sens, sens personnel à chacun de nous dans le respect de la différence. Elles se découvrent par la pratique du troisième cycle ou cycle existentiel de la Méthode Alfonso Caycedo où se vit la rencontre de l'être avec l'existence sophronique grâce à la "transportation" des valeurs découvertes dans le premier et deuxième cycle de la méthode.

Dans ce livre abrégé, je présente les valeurs propres du premier cycle ou cycle fondamental de la méthode qui sont celles qui se découvrent grâce aux techniques commentées ici. La Table de Valeurs proposée par le Pr. Caycedo dans sa Déclaration de Genève où se révèlent les valeurs radicales et existentielles découvertes pendant le deuxième et troisième cycle de sa méthode seront développées de façon pratique et vivantielle dans un prochain livre.

CHAPITRE 3

LA PRATIQUE

LA MÉTHODE ALFONSO CAYCEDO

C'est un procédé original d'entraînement de la personne humaine, créé par le médecin neuropsychiatre Dr. Alfonso Caycedo pour son emploi en Sophrologie avec caractère de recherche, et en Sophrologie Caycédienne comme thérapeutique en médecine par les professionnels de la santé, comme renfort de la personnalité au niveau social par les professionnels des sciences de l'homme, et par une section de sophrologues de la prévention ouverte à tous dans le but d'exercer une action positive dans les différents groupes humains qui forment la société en crise.

Dans ce livre je décris un résumé schématique des trois cycles qui composent la Méthode. Je présente également les théories et les techniques qui permettent s'initier dans le procédé, de telle façon que le lecteur pourra se faire une idée de l'importance de ce système qui, à mon avis, a un caractère unique dans l'histoire de la médecine et dans l'histoire des sciences sociales. Jamais auparavant ne s'était créée une méthode de ces caractéristiques dans laquelle se réunissent toutes les connaissances antérieures en rapport avec les techniques d'entraînement de la personnalité, autant en Orient qu'en Occident.

Dans cette Méthode autant les concepts théoriques que les exercices pratiques, basés sur la Vivance Phronique qui est l'expérience caractéristique de la méthodologie caycédienne, sont originaux .

La Sophrologie Caycédienne se fonde sur la pratique de cette méthode unique qui reçoit le nom de Méthode Alfonso Caycedo et qui comprend une Phase Préparatoire et trois Cycles où se distribuent les concepts théoriques, les 12 Degrés de la Relaxation Dynamique de Caycedo et les techniques phroniques spécifiques de chaque degré, à un rythme de 4 degrés par cycle, selon le schéma suivant qui se programme en 6 temps :

I) Phase Préparatoire

qui comprend trois théories clés et trois techniques clés

II) Premier Cycle (Cycle fondamental)

qui comprend la pratique des degrés 1, 2, 3, et 4 de la Relaxation Dynamique de Caycedo (RDC) et les techniques spécifiques de chaque degré qui sont :

1) Techniques centrées sur le présent

2) Techniques centrées sur le l'avenir

3) Techniques centrées sur le passé

4) Techniques de totalisation

III) Phase d'Introduction au deuxième cycle

qui consiste en la pratique d'une technique qui établit un pont d'union entre le cycle antérieur et le deuxième cycle

IV) Deuxième Cycle (Cycle Radical)

qui comprend la pratique des degrés 5, 6, 7, et 8 de la Relaxation Dynamique de Caycedo (RDC) et les techniques spécifiques de chaque degré

V) Phase d'Introduction au troisième cycle

consiste en la pratique d'une technique qui établit un pont d'union entre le cycle antérieur et le troisième cycle

VI) Troisième Cycle (Cycle Existentiel)

qui comprend la pratique des degrés 9, 10, 11, et 12 de la Relaxation Dynamique de Caycedo (RDC) et les techniques spécifiques de chaque degré et qui marque la fin de l'entraînement vivantiel de l'être et lui permet la rencontre avec les valeurs existentielles de l'être sur la base d'une nouvelle quotidienneté.

Dans ce livre sont présentées de façon abrégée les techniques et théories correspondantes à la Phase Préparatoire et au Premier Cycle de la Méthode. La pratique de certaines de ces techniques est décrite de telle façon que les personnes intéressées puissent se rendre compte elles-même qu'à titre expérimental, elles peuvent les pratiquer. Mais il est important de souligner que pour que le procédé puisse se développer de façon correcte, il est nécessaire qu'il se réalise sous la direction d'un sophrologue caycédien qualifié, par des institutions dignes et responsables reconnues légalement par la Fondation Alfonso Caycedo[1] qui protége la méthode au niveau international, afin d'éviter des dérives et mauvaises interprétations qui seraient dangereuses.

Pour vous informer des écoles caycédiennes dûment agréées, les personnes intéressées peuvent visiter le site Internet

www.sophrologie-caycedienne.com

La méthode est pratiquée comme entraînement vivantiel par les sophrologues caycédiens au long de leur formation théorique et pratique qui mène à l'obtention du diplôme de Master Spécialiste en Sophrologie Caycédienne de la branche clinique et de la branche sociale. À l'apprendre de façon pratique et vivantielle, les sophrologues caycédiens sont en condition de la diffuser à leurs patients, s'ils appartiennent à la branche clinique ou à leurs élèves s'ils appartiennent à la branche sociale.

Conformément au procédé qui s'appelle Entraînement Sophrologique Caycédien, les sophrologues peuvent adapter la

[1] *Dépositaire des droits d'auteur et de propriété intellectuelle*

méthode à chaque cas concret grâce à l'emploi de protocoles qui leur permet par la combinaison des techniques qui intègrent la méthode, de créer un véritable procédé spécial pour chaque cas.

Des 3 cycles qui intègrent la méthode Caycedo, je présenterai dans le premier cycle, quelques-unes des techniques spécifiques qui s'y pratiquent simultanément avec l'entraînement des degrés 1, 2, 3 et 4 de la Relaxation Dynamique de Caycedo (RDC).

I - PHASE PRÉPARATOIRE

Cette Phase Préparatoire est fondamentale car elle permet aux élèves de se préparer autant pour le 1er Cycle que pour toute la méthode. Elle comprend trois Théories Clés et trois Techniques Clés

Étant donné l'importance d'une diffusion correcte de cette Méthode, je transcris littéralement, avec quelques commentaires, les trois théories clés et les trois techniques clés de la Phase Préparatoire avec les graphiques correspondants, telles qu'elles ont été présentées par le Pr. Caycedo dans sa Déclaration de Genève et publiées dans le numéro 26 de la revue « Sophrologie Caycédienne en Médecine et en Prophylaxie Sociale ». Je remercie le Pr. Caycedo et la Fondation Caycedo de m'avoir donné l'autorisation de le faire.

Première "Théorie Clé" : Théorie des Niveaux et des États de conscience[1]

C'est avec cette théorie que Caycedo a fondé la Sophrologie en 1960. Proposée au début comme hypothèse de recherche, la conception d'une structuration de la Conscience humaine en états et niveaux, a été ensuite scientifiquement démontrée. Cette première théorie est devenue l'un des concepts fondamentaux de la Sophrologie.

Le graphique qui accompagne cette théorie a une forme d'éventail ce qui l'a fait dénommer "l'éventail sophrologique de la conscience".

[1] *Première Théorie Caycédienne des "Niveaux et des États de Conscience" & des "Possibilités Existentielles de l'être"*

FIGURE 6
THÉORIE CAYCÉDIENNE DES ÉTATS ET DES NIVEAUX
DE LA CONSCIENCE. FONDATRICE DE LA SOPHROLOGIE

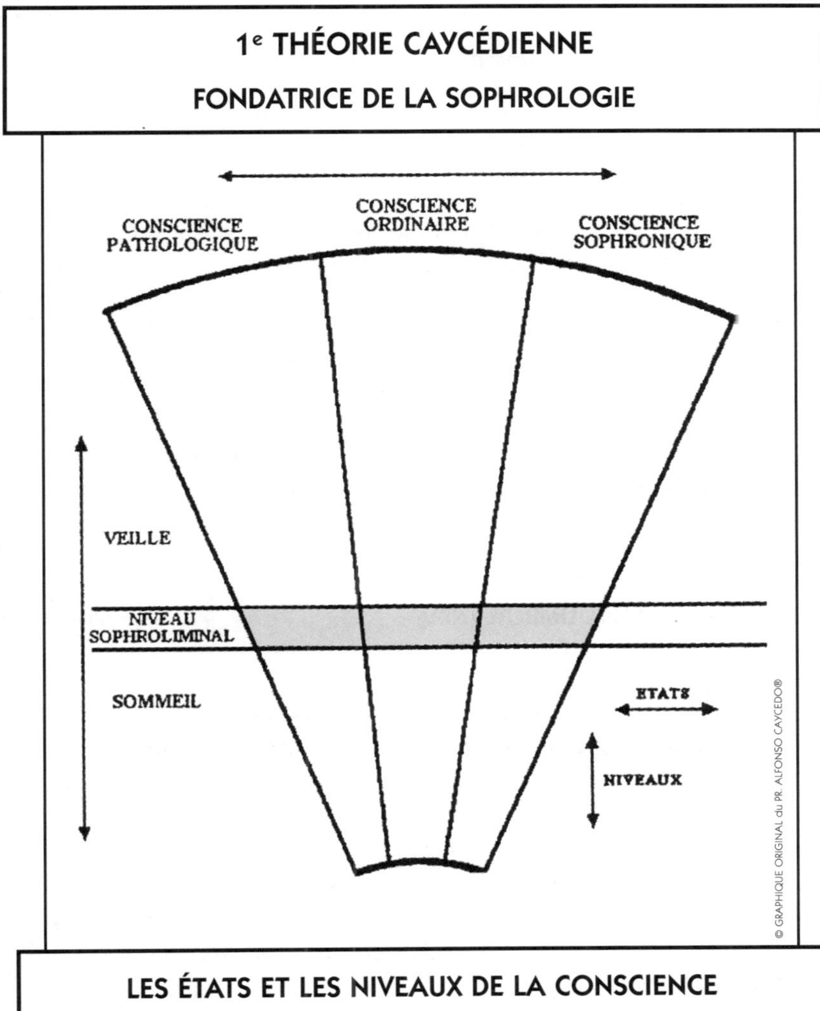

LES NIVEAUX DE CONSCIENCE

Il existe trois niveaux de Conscience dits quantitatifs :

- ***La veille,***
- ***Le niveau sophroliminal,***
- ***Le sommeil.***

Ces niveaux de Conscience représentent les variations quantitatives de la vigilance. Ils ont un caractère universel, constant chez tous les hommes. Ils oscillent entre la veille et le sommeil. En état de veille, la vigilance diminue depuis l'hypervigilance vers la vigilance habituelle des actes de la vie courante, jusqu'au niveau sophroliminal, zone intermédiaire séparant la veille du sommeil. Les niveaux de Conscience sont indépendants, dans leurs variations, des états de Conscience. Les niveaux de Conscience peuvent être modifiés pharmacologiquement et chimiquement. Citons les barbituriques, les hypnotiques, les anesthésiques, dans un sens de baisse de vigilance, les amphétamines, les psychotoniques dans le sens d'une augmentation de la vigilance.

LE NIVEAU SOPHROLIMINAL (NSL)

Il représente, au début de l'entraînement, le niveau privilégié de conscience du travail en Sophrologie.

Il correspond à des dénominations usitées dans d'autres spécialités telles que : subliminal - relaxation alpha - au bord du sommeil. Il constitue la zone inférieure du niveau de vigilance ; il n'existe pas de rupture de communication, les sujets entraînés peuvent même parler dans ce niveau.

La sophronisation permet l'accès et le contrôle de ce niveau où s'appliquent les techniques d'activation constituant le travail propre adapté à chaque application en Sophrologie.

Ce N.S.L. apporte **une augmentation de nombreuses potentialités sous-exploitées** dans les niveaux de vigilance habituelle ou d'hypervigilance.

- Les phénomènes sophromnésiques[1] sont augmentés. La mémoire, capacité majeure de l'être humain, va pouvoir être activée et renforcée ainsi que toutes les conséquences qui en découlent.

- La plasticité imaginative[2] est stimulée et permet un travail sur l'imaginaire, sur les situations déplacées dans le temps, à la base de très nombreuses techniques.

- La sophro-labilité senso-perceptive : les perceptions des mondes intérieurs et extérieurs vont progressivement être améliorées et la capacité de sentir et de percevoir est renforcée, permettant de parvenir à la qualité nécessaire pour l'échange et la Vivance

- Le renforcement du processus phénoménologique se trouve facilité par la sophronisation à savoir le retour à la chose même, la suspension du jugement et la mise entre parenthèses.

- Le dévoilement des possibilités existentielles de l'être. La perception, aux niveaux les plus profonds de la conscience, des capacités et des valeurs de l'être humain est développée. Ce facteur existentiel ouvre des perspectives pour l'avenir.

De nombreuses études scientifiques, par électroencéphalographies et physiologiques, pharmacologiques et chimiques, psychologiques et cliniques ont confirmé la validité du concept de l'éventail de la Conscience comme base de travail en Sophrologie. La réalité physiologique du Niveau Sophroliminal est objectivée par les tracés à l'électroencéphalogramme, les ondes captées correspondant à ce niveau apparaissant nettement, notamment à la fermeture des yeux.

LES ÉTATS DE CONSCIENCE

Ils représentent les variations qualitatives de la conscience, la faculté qu'ont les êtres de ressentir et de vivre leurs réalités quotidiennes ou en termes plus prospectif et sophrologique, les « **possibilités existentielles de l'être** ».

---

[1] *Mnésie : mémoire*

[2] *La productivité fantasque, les fantasmes, la stimulation imaginative*

Il existe trois états de Conscience :

- ***La Conscience individuelle ordinaire étudiée par la psychologie***
- ***La possibilité existentielle sophronique étudiée par la Sophrologie***
- ***La possibilité existentielle pathologique étudiée par la psychiatrie***

Ils représentent donc les modifications qualitatives entre la maladie et la Conscience sophronique (Figure 6).

Les états normaux, classiques, sont considérés comme entrant dans la conscience individuelle ordinaire. On se trouve dans le vécu de l'attitude naturelle, (celle des sciences naturelles), opposée à l'attitude phénoménologique. C'est la conscience de l'individu vivant en permanence dans des schémas préétablis, dans des représentations mentales qui ne viennent pas forcément de lui, dans des a priori, sans questionnement, sans nouveau regard sur les choses.

Les états pathologiques (Conscience pathologique CP) représentent le vécu de l'être dont la Conscience est altérée par la maladie. Ces états d'altérations psychiques s'étendent des dépressions réactionnelles, de l'hystérie, des névroses jusqu'aux différentes psychoses, arriérations mentales et démences irréversibles.

Les états sophroniques de Conscience supérieure, (CS), représentent la Vivance de l'être possédant une nouvelle Conscience, phénoménologique et existentielle, opposée à la maladie. Cette Conscience équivaut à une intégration existentielle positive de l'être qui sort de son ordinaire. La recherche et l'acquisition de cette conscience sont la finalité de la Sophrologie. Chacun de nous peut accéder à une conscience supérieure dans certains moments de « lumière » comme lorsque nous avons l'impression de découvrir quelque chose, de créer, d'être en communion artistique, esthétique ou sensible avec une œuvre qui nous élève, lorsque nous partageons des instants d'émotion intense, dans la tendresse, dans l'amour, etc.

Bref tout ce qui magnifie l'être humain. L'intérêt de la recherche sophrologique est d'augmenter notre potentiel d'accès dans cet état supérieur de conscience. Mais et c'est là sa force, pas uniquement dans l'exceptionnel, plutôt dans la vie, dans notre acte de vivre qui se déroule en permanence tous les jours, dans « les événements de la vie ». L'amélioration progressive de notre qualité de conscience quotidienne nous mènera à une nouvelle quotidienneté plus vraie, qui vient de nous, mettant notre existence au diapason de notre être. Ainsi, ne nous méprenons pas, l'idée de conscience supérieure en sophrologie n'est pas celle du « surhomme », mais davantage celle de l'homme vrai, authentique, en accord avec lui-même.

Les modifications des états de Conscience s'accompagnent souvent de modifications de vigilance. Ainsi, dans le processus sophrologique d'entraînement, le passage vers un état de Conscience supérieure a pour voie la Conscience Isocay.

Deuxième Théorie Clé : Théorie Caycédienne de la Conscience ISOCAY

En un premier temps le Pr. Caycedo pensa que l'entraînement sophrologique se réalisait dans le Niveau Sophroliminal. Avec les marches et l'entraînement de la Relaxation dynamique 5 à 12, il apparut très vite qu'une véritable conscience sophronique support d'une nouvelle quotidienneté, source de développement de nos propres valeurs ne pouvait se limiter au niveau sophronisation Ainsi après de nombreuses années de recherche phénoménologique et existentielle la Vivance permit de découvrir que l'entraînement se réalisait dans un niveau particulier de la conscience vigile où se trouvent les structures de plus grande intégration de l'Être, responsables de la liberté, la clarté, la créativité et l'harmonie de la conscience. Le Pr Caycedo proposa de désigner ce niveau comme " **Conscience Isocay**". Il compara sa force intégratrice qui unit toutes les structures de la conscience, au lien qui unit les épis de blé en une gerbe.

Il ne s'agit pas de renier l'intérêt du niveau sophroliminal qui au début de l'entraînement permet une meilleure concentration et une meilleure découverte du corps et de l'esprit. Ceci signifie que si l'entraînement sophrologique utilise au début, dans ses techniques, le niveau sophroliminal, il ne doit pas y rester ad vitam, c'est un outil.

FIGURE 7
DEUXIÈME THÉORIE « CLÉ »
THÉORIE CAYCÉDIENNE DE LA CONSCIENCE ISOCAY

THÉORIE CAYCÉDIENNE DE LA CONSCIENCE ISOCAY

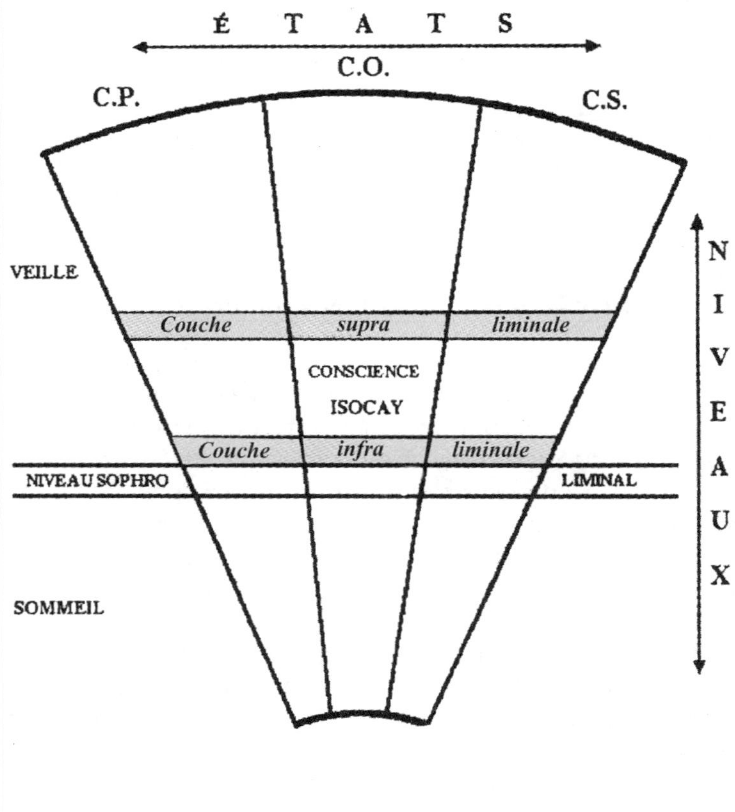

© GRAPHIQUE ORIGINAL du PR. ALFONSO CAYCEDO®

C'est bien pour être utilisé dans la vie de tous les jours qu'existe la sophrologie. Ainsi imperceptiblement, mais rapidement la découverte de cette nouvelle conscience existentielle passera du niveau sophroliminal à un niveau de conscience habituel. Nous acquerrons la capacité d'utiliser nos découvertes, faites dans le niveau sophroliminal, dans notre niveau de conscience quotidien et c'est là que s'opérera la conquête véritable de notre conscience. Ce nouvel espace de conscience apte à saisir la présence de notre vie en nous, c'est-à-dire d'exister, c'est cela la conscience Isocay. Si nos entraînements réguliers nous permettent de nous recentrer et de faire toujours de nouvelles découvertes nous ne serons plus assujettis au niveau sophroliminal pour vivre la sophrologie, nous pourrons utiliser nos nouvelles capacités au quotidien et exister. Les différentes techniques de marche contribuent largement à cette prise de conscience, de cette présence de la vie en nous. Nous ne glissons plus à la surface de notre vie avec cette impression qu'elle nous échappe avec ce « malaise existentiel », mais nous en devenons les auteurs. C'est ainsi que la conscience Isocay va progressivement habiter notre niveau de vigilance habituel.

La Conscience Isocay limite deux couches : dans la partie supérieure avec une couche de grande sensibilité désignée sous le nom de " Couche Supraliminale " dans laquelle on évitera de monter,et dans la partie inférieure avec une autre couche également très sensible appelée " Couche Infraliminale "que l'on évite maintenant de pratiquer en Sophrologie

La Conscience Isocay est le champ de travail de la Méthode Alfonso Caycedo.

LES COUCHES QUI LIMITENT LA CONSCIENCE ISOCAY

La Conscience Isocay est intégrée, claire et consciente et elle permet de s'illuminer avec sa propre lumière. Elle est nécessaire pour conquérir l'Existence Sophronique et les Valeurs de l'Homme qui sont l'objectif principal de la Méthode Alfonso Caycedo, et c'est dans ce niveau que se pratiquent toutes les techniques de la Méthode.

FIGURE 8
LES COUCHES QUI LIMITENT LA CONSCIENCE ISOCAY

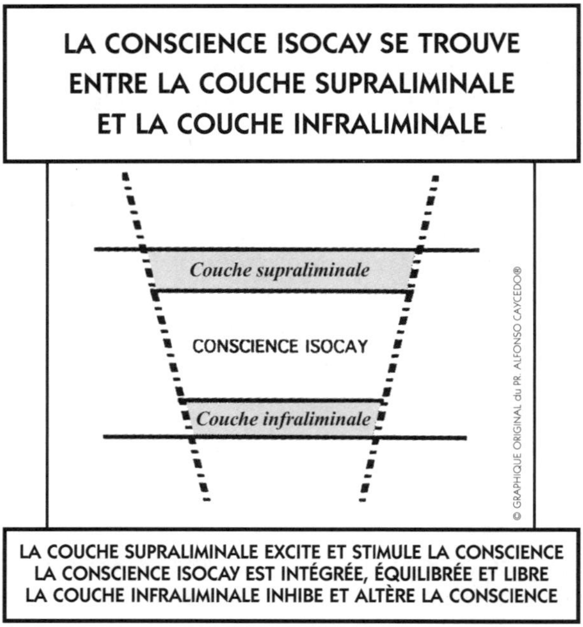

Sur le schéma ci-joint nous voyons avec plus de clarté comment la Conscience Isocay, base et fondement de l'entraînement vivantiel de la Méthode Alfonso Caycedo se trouve entre deux niveaux qui s'appellent "Couche Supraliminale" et "Couche Infraliminale".

La Couche Supraliminale est d'une sensibilité extraordinaire et elle excite la conscience en accélérant les mécanismes. C'est là qu'ont lieu des expériences telles que l'extase, certaines pratiques du Zen, quelques expériences mystiques et certaines altérations pathologiques propres des niveaux hauts. La Sophrologie s'éloigne de ces niveaux et ne pratique aucun de ces procédés

La couche Infraliminale a un caractère inhibiteur sur la conscience puisqu'elle altère ses niveaux. À son tour elle limite par la partie inférieure avec le niveau Sophroliminal proche du sommeil. Dans cette couche ont lieu des expériences telles que l'hypnose, certaines catégories de yoga, transes et quelques altérations pathologiques propres de ces niveaux profonds. La Sophrologie s'éloigne de ce niveau et ne pratique aucun de ces procédés.

Au commencement de la Sophrologie se sont étudiées les principales techniques occidentales et orientales qui modifient la conscience telles que l'hypnose, le Yoga et le Zen. Actuellement dans la Méthode Alfonso Caycedo on n'emploie aucune de ces méthodes, laissant leur pratique aux professionnels et Maîtres dûment qualifiés.

UNE POSTURE POUR MAÎTRISER LA CONSCIENCE ISOCAY

FIGURE 9
LA POSTURE ISOCAY

LA POSTURE ISOCAY POUR MAÎTRISER LA CONSCIENCE ISOCAY

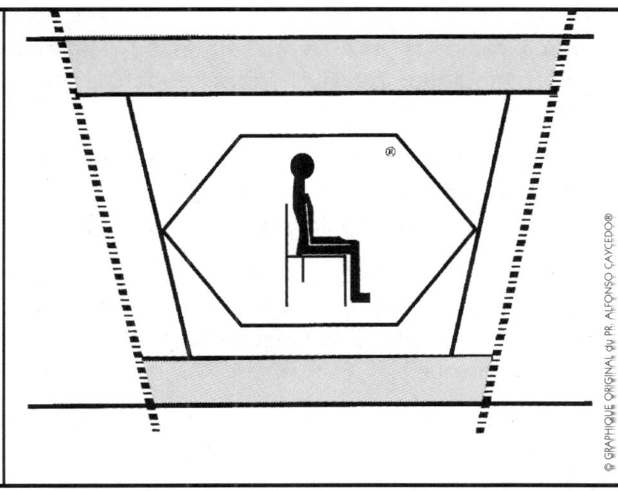

LA POSTURE ISOCAY MAÎTRISE LA CONSCIENCE ISOCAY - ACTIVE LA VIVANCE PHRONIQUE DES SYSTÈMES ISOCAY - ÉVITE DE DESCENDRE À LA COUCHE INFRALIMINALE OU DE MONTER À LA COUCHE SUPRALIMINALE - CONQUIERT L'EXISTENCE SOPHRONIQUE

Après de nombreuses années de pratique et de recherche phénoménologique et existentielle, le Pr. Caycedo décrivit une posture qui facilite le processus vivantiel de la Méthode Alfonso Caycedo; pour cela il étudia les postures propres des procédés de méditation les plus importantes, telles que le Zen et le Yoga pour trouver une posture adaptée à l'homme d'occident et aux objectifs de sa méthode. Pour la posture qu'il a conçue et qui réunissait les conditions exigées, il proposa le nom de Posture Isocay car il se démontra que cette posture était de grande importance pour la découverte et la conquête de la conscience Isocay.

La posture Isocay a les caractéristiques suivantes :

- La personne s'assied sur une chaise avec le dossier vertical se plaçant sur le milieu du siège, sans en toucher le dossier, elle place les mains sur les cuisses et maintient le corps en position verticale avec les épaules légèrement déplacées vers l'avant, procurant que le centre de gravitation se déplace du thorax au bas-ventre. Les pieds seront bien plantés sur le sol.
- Les yeux seront fermés pendant la pratique du premier et du deuxième cycles de la Méthode Alfonso Caycedo; pendant le troisième cycle les yeux seront fermés ou demi-ouverts, de façon périodique, ce qui s'appelle dans l'Entraînement Sophrologique le "Regard Intermittent".
- La respiration aura caractère mixte, à un rythme normal, avec des mouvements doux, synchronisés au niveau du thorax, de l'abdomen ou du bas-ventre selon le choix de chacun.

La Posture Isocay maîtrise la conscience - Active la Vivance Phronique des Systèmes Isocay - Évite de descendre à la Couche Infraliminale ou de monter à la Couche Supraliminale - Conquiert l'Existence Sophronique.

La CONSCIENCE ISOCAY est une forme spéciale de conscience, durant laquelle la personne est pleinement éveillée, avec une vision claire, libre et alerte et avec un sentiment de profonde intégration vitale, restant toujours maître de soi et pleinement responsable de ses actes. La POSTURE ISOCAY, est une forme spéciale de maintien du corps pendant l'Entraînement Sophrologique, laquelle se pratique tout au long de la Méthode Caycedo et de ses différentes techniques, elle évite toute altération et modification de la conscience et favorise la conquête de la conscience Isocay qui se différencie totalement de l'hypnose et de certains procédés orientaux qui se basent sur la modification de la conscience.

Troisième Théorie Clé : Théorie Des Cinq Systèmes Isocay[1]

Pour la Sophrologie Caycédienne, le corps, l'esprit et la conscience sont une seule et même chose appelée Être Humain. Ils forment une unité existentielle indissoluble au moins tant que l'homme est en vie.

Dans cette unité existentielle l'être humain dispose de 5 systèmes décrits par le Pr. Caycedo, qui facilitent la pratique de la Vivance Phronique nécessaire pour l'Entraînement propre de sa Méthode. Pour désigner ces systèmes le Pr. Caycedo a proposé le nom de SYSTÈMES ISOCAY car la Vivance Phronique de ceux-ci permet la découverte et l'intégration de la Conscience Isocay nécessaire pour la conquête de l'Existence Sophronique.

Pendant la pratique de la Méthode Alfonso Caycedo et de l'Entraînement Sophrologique Caycédien, ces systèmes vivent un processus, se découvrent dans le 1er cycle, se conquièrent dans le 2e cycle, se transforment dans le 3e cycle

La Vivance Phronique des 5 Systèmes ISOCAY, selon la pratique établie dans la Méthode, évite la descente dans la Couche Infraliminale et la montée dans la Couche Supraliminale non souhaitables pour la Méthode.

[1] *Anciennement deuxième Théorie Caycédienne des cinq systèmes Isocay de la Conscience sophronique*

FIGURE 10
THÉORIE CAYCÉDIENNE DES 5 SYSTÈMES ISOCAY

THÉORIE CAYCÉDIENNE DES 5 SYSTÈMES ISOCAY

COUCHE SUPRALIMINALE

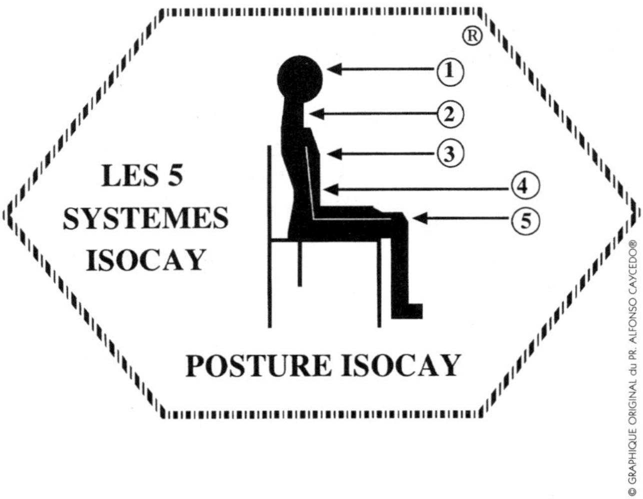

COUCHE INFRALIMINALE

NIVEAU SOPHROLIMINAL

LES 5 SYSTÈMES ISOCAY SE DÉCRIVENT SCHÉMATIQUEMENT CI-CONTRE (figure 10)

1) 1er SYSTÈME ISOCAY - Comprend les structures anatomophysiologiques de la tête (le crâne et la face), avec un espace d'interaction au niveau du front.

2) 2e SYSTÈME ISOCAY - Comprend les structures anatomophysiologiques du cou et de la partie externe des extrémités supérieures, qui comprend les régions deltoïdienne, postérieure du bras, postérieure de l'avant-bras et le dos de la main. Il dispose d'un espace d'interaction au niveau de la thyroïde.

3) 3e SYSTÈME ISOCAY - Comprend les structures anatomophysiologiques du thorax et de la partie interne des extrémités supérieures, qui comprend les régions axiliaire, antérieure du bras, antérieure de l'avant-bras et la paume de la main. Il dispose d'un espace d'interaction au niveau du sternum.

4) 4e SYSTÈME ISOCAY - Comprend les structures anatomophysiologiques de la région abdominale, qui comprend la partie supérieure de la région ombilicale et la région épigastrique. Il dispose d'un espace d'interaction environ à 4 cms au-dessus du nombril.

5) 5e SYSTÈME ISOCAY - Comprend les structures anatomophysiologiques de la région du bas-ventre, qui comprend la partie inférieure de la région ombilicale et partie de la région pubienne ou hypogastrique, et les extrémités inférieures. Il dispose d'un espace d'interaction environ à 4 cm sous le nombril.

INTÉRÊT DES SYSTÈMES

Ils forment une synthèse des structures de base de chaque être. Sur le plan sophrologique, ils ont été reconnus par la Vivance. Ce sont des systèmes d'intégration vivantielle, révélés lors de l'entraînement par notre processus vivantiel, c'est lui qui leur permet de s'exprimer. Chaque système présente ses spécificités, anatomiques, organiques, symboliques, etc..

Nous pourrions faire une synthèse de la symbolique, de l'énergétique, des représentations propres à chaque système. Cela est passionnant. Mais serions-nous encore dans la Sophrologie existentielle ?

La réponse est non, bien sûr. L'intérêt de la nouveauté des cinq systèmes est de ne pas reprendre de vieux concepts (tels les chakras, les cuirasses, etc), qui nous situeraient dans des représentations mentales et des a priori, mais de laisser libre le champ de la découverte des phénomènes.

L'intérêt de l'entraînement sophrologique est de laisser chaque individu découvrir par lui-même ce que représentent pour lui ses propres systèmes. Laisser les phénomènes s'exprimer à l'échelle individuelle c'est cela la démarche phénoménologique, qui va permettre à chacun de se redécouvrir et d'exister.

LES TROIS « TECHNIQUES CLÉ »

LES TROIS TECHNIQUES CLÉ DE LA PHASE PRÉPARATOIRE DE LA MÉTHODE ALFONSO CAYCEDO

Ces trois "Techniques Clé" devront être étudiées et pratiquées après avoir pris connaissance des trois "Théories Clé", par toutes les personnes, patients ou élèves avant d'initier la pratique de la Méthode Alfonso Caycedo proprement dite qui se compose de trois cycles. Avec ces techniques, on commence à découvrir les deux postures de base et les 5 systèmes ISOCAY qui sont nécessaires pour la pratique vivantielle de la Méthode.

Il s'agit de :

- La Sophronisation de Base Vivantielle par Système (SBVS),
- Le Sophro-Déplacement du Négatif (SDN),
- La Sophro-Stimulation Vitale (SSV).

Première "Technique Clé" - Sophronisation de Base et Sophronisation de Base Vivantielle par les 5 Systèmes Isocay (SBV-5SI)

LA SOPHRONISATION DE BASE (SB)

DÉFINITION ET INTÉRÊT

La Sophronisation de base (SB) simple que nous étudiions ici en premier ne fait pas à proprement parler partie des techniques clés. Je l'ai appelée « pré-sophronique ». Son intérêt est de permettre une première prise de contact pour les sujets n'ayant jamais pratiqué de techniques dites de "relaxation".

Elle permet de découvrir son corps sans tension musculaire, de partir à l'écoute de ses sensations corporelles agréables. C'est la séance d'entrée dans la Sophrologie. Cette simple technique va déjà, en elle-même, vous apporter un mieux-être.

PROTOCOLE

- ***Dialogue pré-sophronique***

- ***Posture assise de relaxation.***
  Telle que décrite ci-dessus sous le titre « posture du 2e degré ».

- ***Relâchement des différents lieux du corps.***

1ER SYSTÈME

- Le front, Le cuir chevelu,
- Les sourcils, Les yeux, Les muscles autour des yeux et derrière les yeux,
- La région des tempes,
- Les joues, La face externe des joues, la face interne des joues
- Desserrer les dents,
- Décoller la langue du palais,
- Les lèvres et les ailes du nez.

2E SYSTÈME	- Les épaules, la face externe des bras, des coudes, des avant-bras, des poignets, des mains, des dix doigts, jusqu'au bout des ongles, - Le cou, la nuque
3E SYSTÈME	- Le thorax et le dos, - La face interne des bras,
4E SYSTÈME	- L'anneau abdominal, - La région lombaire,
5E SYSTÈME	- Le bas-ventre, le bassin, - Les cuisses, les genoux, Les jambes, les chevilles les pieds les orteils, jusqu'au bout des orteils.
TOUT LE CORPS	- Colonne vertébrale

• ***À l'écoute des sensations du corps***, il convient de laisser venir les différentes sensations qui se manifestent en écoutant le terpnos logos et en se gardant bien de les interpréter.

• ***Contenu positif*** :

laisser venir dans sa conscience un élément positif quelle que soit sa nature.

• ***Désophronisation :*** retour au niveau de vigilance habituelle.

COMMENTAIRES

L'utilisation de **nous** ou **vous** dans le terpnos logos du sophrologue peut varier selon les cas, selon le sophrologue. L'utilisation de « nous » entre sophrologues souligne la confraternité, il peut également s'utiliser dans des groupes d'entraînement confirmés et plus facilement en Relaxation Dynamique de Caycedo qu'en groupe à protocole spécifique. L'utilisation en séance individuelle du « vous » évite de casser l'alliance en faisant croire au sophronisant que les problèmes ou la vivance du sophrologue sont la même que la sienne ; il permet de respecter le phénomène propre à chacun, l'alliance étant le dialogue et non l'assimilation ou le copinage.

Il est intéressant de varier les verbes employés afin d'éviter la monotonie, en choisissant parmi ceux qui sont cités : relâcher, relaxer, laisser aller, détendre, laisser ses (coudes, poignets, genoux, chevilles) devenir plus souples...

La formulation du protocole exposé ci-dessus doit être utilisée pour toutes les sophronisations de base et apprise par cœur par tous les Sophrologues, afin qu'elle puisse leur servir de point de départ pour une sophronisation rapide pour eux-mêmes et pour leurs élèves. On peut modifier légèrement la formulation, mais il est préférable d'utiliser la même afin de ne pas introduire de variations trop importantes, surtout au début de la pratique par les sophronisants.

Il est important d'insister sur la conscience de la respiration qui devient en cours de séance plus calme, plus régulière. Ceci se fait naturellement, spontanément.

La notion de relaxation globale consiste dans la prise de conscience de la détente globale du corps.

La sophrologie étant avant tout une aventure à vivre, il convient de débuter par la première séance, ***la sophronisation de base***.

Au début de l'entraînement, pratiquez les séances loin de toute nuisance sonore ou visuelle. Choisissez-vous un espace où la lumière est tamisée et prenez soin d'éteindre la radio, la télévision et les téléphones portables ou non. Installez-vous confortablement sur votre siège et laissez-vous porter par la séance. Vous pouvez soit enregistrer le texte ci-dessous au préalable sur une cassette, soit, vous laisser guider par le Compact Disque établi à votre intention[1].

Et maintenant appliquez-vous à effectuer votre séance.

[1] *CD Techniques de base en Sophrologie, Édition Ellébore@*

TERPNOS LOGOS

- Vous vous installez confortablement dans votre position de relaxation. Position assise les bras le long du corps Vous pouvez fermer les yeux pour vous isoler du monde extérieur. Vous prenez conscience des points d'appui de votre corps. Vous prenez conscience de vos vêtements sur votre corps, vous expirez doucement et vous vous laissez aller dans cette position.

Vous allez relâcher tout votre corps, système par système, en commençant par la tête. Laissez aller votre front, votre front est lisse, éventuellement vous effacez les rides sur votre front... Relâchez les yeux, c'est comme si vos yeux flottaient dans leurs orbites librement, comme cela vient, comme vous le sentez, relâchez aussi tout ce qu'il y a derrière les yeux, laissez aller les muscles autour des yeux, laissez s'alourdir vos paupières ... Relâchez les joues, la face externe de vos joues se relâche, la pommette et le creux des joues.... Relâchez la face interne des joues, vos dents se desserrent, la langue se pose librement dans votre bouche, le maxillaire inférieur semble peut-être un peu plus lourd, la bouche s'entrouvre et le menton est relâché ... Et vous prenez conscience de la forme de votre visage en train de se relâcher, conscience de votre premier système sans tension.

La nuque se relâche, le devant du cou et les régions latérales du cou se détendent. Ces muscles continuellement en tension puisqu'ils portent la tête peuvent se mettre au repos maintenant. Vous pouvez bouger légèrement la tête pour trouver votre position d'équilibre qui permet la détente du cou. - Les épaules, Relâchez vos épaules, elles s'abaissent, se détendent. Elles sont comme attirées par la pesanteur et libérées, elles se posent lourdement.... Relâchez les bras, les avant-bras. Relâchez les poignets et les mains, les doigts se relâchent jusqu'à leur extrémité, jusqu'à leur pulpe. Vos doigts se positionnent librement. Peut-être sentirez-vous un fourmillement au bout des doigts ou une autre sensation naturelle, par exemple une sensation de chaleur, souvent de bons signes de relâchement musculaire...

Libérez le peu de tension musculaire entre les épaules. Vous approfondissez bien le relâchement de cette nuque sujette constamment à tension.... Et vous prenez conscience de la forme de votre nuque, de vos épaules et de la face externe de vos bras en train de se relâcher complètement....Conscience de votre deuxième système sans tension.

Vous relâchez maintenant les muscles de votre thorax, les muscles de la paroi thoracique, intercostaux, pectoraux se détendent., Vous sentez un léger mouvement du thorax, mais beaucoup moins ample puisque votre respiration est maintenant abdominale.... Vous prenez conscience du diaphragme, à la limite entre abdomen et thorax, muscle clé de la respiration, lorsque vous inspirez, vous sentez le mouvement du diaphragme en train de descendre, lorsque vous expirez, vous sentez le mouvement de votre diaphragme en train de monter et vous vous laissez aller au rythme calme de votre respiration.... Vous relâchez les muscles le long de la colonne dorsale. Tous les muscles du dos se relâchent. Et vous prenez conscience de votre 3° système en train de se détendre.

- Vous relâchez maintenant les muscles de votre ventre, les muscles de la ceinture abdominale, de la paroi abdominale se détendent. Laissez bien aller l'anneau musculaire de l'abdomen, du ventre.... Sentez que les muscles se soulèvent doucement, sous une respiration devenue plus naturelle, devenue abdominale, plus lente, plus calme. Respiration abdominale, respiration naturelle du nouveau-né de l'animal au repos, respiration du lâcher prise... Vous relâchez les muscles le long de la colonne lombaire. Ces muscles qui vous soutiennent à la position debout, constamment en tension, sont libérés jusqu'au bas du dos. Laissez s'effacer doucement le creux du dos contre la chaise, effacez la cambrure source de tensions... Et vous prenez conscience de la forme de votre anneau abdominal parfaitement détendu...Conscience de votre 4° système sans tension.

Vous relâchez maintenant le bas du corps : les muscles fessiers, le bassin, vous libérez les hanches. Les muscles du périnée se relâchent. Vous relâchez les cuisses, les muscles profonds des cuisses, face antérieure des cuisses et face postérieure.... Vous libérez les genoux, qui se vivent plus souples, plus détendus, les mollets se détendent. Relâchement des chevilles et des pieds, jusqu'au bout des orteils, jusqu'à leur pulpe, certaines sensations peuvent apparaître...... Conscience de votre 5° système en train de se détendre.

Et vous prenez conscience de l'ensemble de votre corps sans tension... Vivez maintenant la forme de votre corps relâché, votre respiration plus calme et plus harmonieuse. Vous vous vivez en harmonie, détendu, paisible. À chaque expiration, vous descendez un peu plus au bord du sommeil, juste au bord du sommeil. Vous êtes dans le niveau sophroliminal.

Dans cet état de confort et de sérénité, vous allez laisser venir à votre esprit une image agréable, une situation d'harmonie, de bonheur, image de votre vie quotidienne, instant de détente que vous avez offert à votre corps... Laissez venir cette image... Cette image de bonheur, de sérénité... Dès qu'elle apparaît, vous la fixez dans votre conscience et vous vivez cette image, cette situation, dans le même confort, dans le même bien-être dans lequel vous êtes maintenant en relaxation. Je vous laisse quelques instants approfondir cette image dans ses détails....

Pause. Vous accueillez toutes les sensations corporelles agréables que vous envoie votre corps.

Maintenant vous vous préparez mentalement à faire votre reprise de tension musculaire. Mais vous ne reviendrez pas à votre point initial, vous ferez cette reprise avec un capital d'harmonie, puisé et redécouvert en vous-même qui vous servira pour les heures, pour les jours à venir. Et maintenant à votre rythme, sans vous presser, vous faites trois respirations profondes... Respirez profondément plusieurs fois. Puis, vous remuez les pieds, les jambes, les genoux, les jambes retrouvent leur tonus. Vous remettez en tension le bassin, conscience de la reprise de tension musculaire du 5e système, vous remettez en tension la paroi abdominale, le 4e système, conscience du 3e système en train de revivre sa tension musculaire. Vous pouvez remuer les doigts, les bras face interne, face externe, les muscles de la nuque, des épaules retrouvent leur tonus musculaire, conscience de la forme de votre 2e système, vous pouvez remettre en tension tous les muscles du visage, du cuir chevelu, votre 1er système se remet en douce tension musculaire, vous pouvez bailler. Vous vous étirez très fort pour bien prendre conscience de la forme de votre corps en reprise de tension musculaire.... Et lorsque vous le désirez, vous pouvez ouvrir les yeux.

Pratiquez cette séance, au minimum, une fois par jour.

Refaites cette séance aussi souvent que possible.

La force de la technique, c'est la répétition des vivances des séances.

PHÉNODESCRIPTION

Après chaque séance, vous pouvez remplir le tableau ci-dessous, apprécier l'intensité des phénomènes, pour chacun des systèmes. Notez-les de 1 à 5.

Exemples de perception de phénomènes suivant leur intensité ou leur nouveauté, par exemple : ***chaleur agréable de la paroi abdominale 3, fourmillements des orteils 2, douleur dans l'épaule gauche 4 ...***

Plus ils sont perçus, plus vous en augmentez la cotation.

0 : Pas de phénomène, 5 : Phénomène d'intensité maximale.

SB	**SÉANCES**						
PHÉNOMÈNES	**1°**	**2°**	**3°**	**4°**	**5°**	**6°**	**7°**
Front							
Cuir chevelu							
Yeux							
Joues							
Bouche							
Mâchoires							
Menton							
Cou							
Nuque							
Épaules							
Face externe des bras							
Doigts							
Battements cardiaques							
Muscles thoraciques							

SB SUITE	SÉANCES					
PHÉNOMÈNES	**1°**	**2°**	**3°**	**4°**	**5°**	**6°**	**7°**
Colonne dorsale							
Diaphragme							
Face interne des bras							
Respiration abdominale							
Paroi abdominale							
Colonne lombaire							
Périnée							
Bassin							
Colonne sacrée							
Muscles fessiers							
Hanches							
Cuisses							
Genoux							
Mollets							
Chevilles							
Orteils							
Conscience de la corporalité							
Posture Isocay							
Image agréable							
Pause phronique de totalisation							
Désophronisation							
Total des points							

LA SOPHRONISATION DE BASE VIVANTIELLE PAR LES 5 SYSTÈMES (SBV-5SI)

La sophronisation de base, telle que nous venons de la proposer, est encore très proche de la relaxation. Elle va être activée par la Vivance phronique, avec la sophronisation de base vivantielle par les cinq systèmes Isocay ***(SBV-5SI) première des Techniques Clé***. Nous rentrons dans les techniques véritablement spécifiques de la Sophrologie.

Pourquoi vivantielle ? Parce que cette technique active la vivance qui est le moteur de notre entraînement. L'initiation au processus vivantiel de notre discipline dans la sophronisation de base vivantielle par les 5 systèmes (SBV-5SI) fait que celle-ci est le fondement de l'entraînement, qu'elle est incontournable pour tout travail sophrologique. Elle se pratique très rapidement, dès que la S.B. est acquise, voire d'emblée si le sophronisant est déjà habitué au lâcher prise. Répétons-le, c'est la porte d'entrée de la Vivance.

COMMENTAIRES

Ajoutée à la S.B, ***la Sophro-Stimulation Corporelle (SSC)*** se définit comme ***une activation de la présence du corps dans la Conscience*** en pratiquant une tension douce, synchronisée avec la respiration. Elle s'effectue par la Séquence "I.R.T.E.R.", c'est-à-dire et successivement :

I	• Inspiration,
R	• Rétention,
T	• Tension douce de tout le corps,
E	• Expulsion,
R	• Récupération.

La Vivance phronique s'établit dès ***la pause phronique d'Intégration*** qui est le début de l'attitude phénoménologique. Cette expression « pause phronique d'Intégration » comprend le terme phronique qui signifie conscience profonde. Dans ce temps fondamental, on intègre, on « digère » ce qui vient de se vivre dans la profondeur de la conscience. À la fin de chaque séance avant la désophronisation la ***« Pause Phronique de Totalisation »*** permet d'intégrer, de mémoriser, de vivre l'ensemble des phénomènes apparus pendant la séance.

Dans la SBV-5SI, la vivance est également activée par la conscience de ***la forme***, de ***la respiration***, de ***l'équilibre***, de tout le corps et l'activation de ***trois capacités*** fondamentales, la confiance, *l'harmonie physique* et *mentale* et *l'espoir*, permettant d'induire l'attitude existentielle. La formulation du type : *" vous prenez conscience de* ***la forme*** *de votre visage détendu... "* est propre à la sophronisation de Base ***Vivantielle***, elle est plus globale que dans la sophronisation de base simple. Elle sera ensuite utilisée dans les techniques sophrologiques, le sentiment vital de la forme étant plus adapté à la Vivance. La conscience de la forme ne se limite pas aux muscles et tendons détendus, elle évoque la structure même, la globalité de l'être.

L'activation de la vivance se pratique dans les ***cinq systèmes*** représentant les cinq grandes régions du corps humain.

Cette technique rapide lorsqu'elle sera acquise servira ensuite dans toutes les techniques sophrologiques pour démarrer les séances. C'est la véritable technique de base. L'expérience prouve que l'apprentissage peut s'en faire très rapidement.

Un point d'intégration vivantielle pour chaque système accélère le processus de prise de conscience et dynamise la méthode. Un Sophro-Déplacement du négatif peut être pratiqué dès qu'il aura été appris. La posture Isocay permet l'activation d'une vivance profonde facilitant la suite de la séance.

PROTOCOLE

- ***Posture assise de détente.***

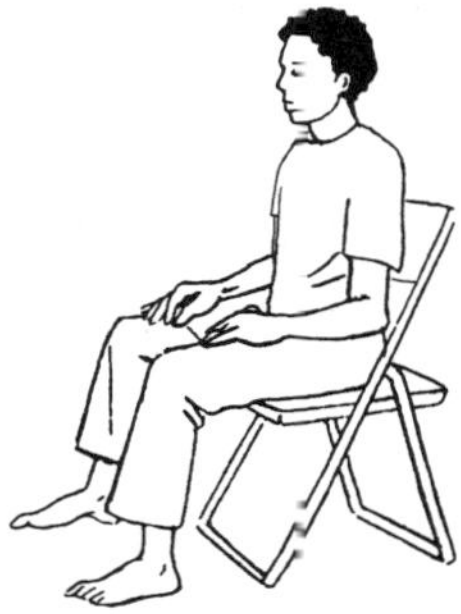

- ***Sophronisation de Base Vivantielle (SBV-5SI)***. Il convient de vivre l'expérience de chaque système comme une vivance qui lui est propre. *On commence la vivance phronique les yeux fermés, puis on oriente la concentration vers le **point d'intégration** du système concerné, enfin on prend conscience de la forme de ce système sans tension.*

1ER SYSTÈME : point front.
Forme du visage et de la tête sans tension

2^E SYSTÈME : point thyroïde
Forme région cervicale sans tension

3^E SYSTÈME : point sur sternum.
Forme du thorax sans tension

4^E SYSTÈME : point ombilic.
Forme Région ombilicale sans tension

5^E SYSTÈME : point Bas-ventre.
Forme de la région pelvienne et des jambes sans tension

TOUT NOTRE CORPS : On termine par la vivance phronique de la totalité de la corporalité : forme de tout le corps sans tension.

- ***Sophro-Stimulation corporelle*** (debout ou assis) tension douce de tous les muscles du corps, mains derrière la nuque en S.R.S. Relaxation récupératrice assise.
  - Conscience de la forme,
  - Conscience de l'équilibre
  - Conscience de la respiration.

• ***Relaxe. Pause phronique d'intégration*** (P.Ph.I.) Vivance phronique. Durant cette P.Ph.I. prendre nettement conscience des sensations qui se produisent après la tension. Perception, sans a priori, libre.

• ***Posture Isocay*** vivance d'un contenu de conscience agréable, positif.

- À ce moment se pratiqueront, lorsque cette technique sera acquise systématiquement, les deux autres techniques «clés» :
  - *Sophro-Déplacement du Négatif abrégé,*
  - *Sophro-Stimulation Vitale abrégée.*
- Puis se pratiqueront lorsque ces techniques seront acquises les techniques spécifiques à chaque séance, par exemple :pratique des différentes techniques spécifiques réductives *(par exemple sophro-respiration synchronique, Sophro-Acceptation progressive ou Sophro-Mnésie Senso-Perceptive, etc.)*

• ***Posture assise de détente.*** *Pause phronique de Totalisation...*

• ***Activation des capacités***
  - De confiance en soi-même,
  - D'harmonie entre son physique et son mental,
  - D'espoir dans la vie, de projets positifs.

• ***Désophronisation*** de base par système.

• ***Récupération*** du tonus vital.

TERPNOS LOGOS

*Vous vous installez confortablement dans **votre posture assise de sophronisation.** Vous pouvez fermer les yeux pour vous isoler du monde extérieur. Vous allez prendre conscience de la détente de votre corps, système par système.*

Concentrez-vous sur votre front. Conscience de la forme de votre visage, de toute votre tête, détendus, de votre 1e système sans tension...

Concentrez-vous sur votre thyroïde, région antérieure du cou... Conscience de la forme de votre cou, de votre nuque, de la partie extérieure des épaules, de la partie externe des bras relâchés, de votre 2e système sans tension...

Vous pouvez vous centrer maintenant sur votre sternum. Conscience de votre thorax, conscience de la partie intérieure des bras sans tension, des mains, de votre 3e système sans tension...

Conscience de votre ombilic, de, votre région ombilicale, de tout votre anneau abdominal détendu, la forme de votre 4e système, sans tension...

Vous allez maintenant vous centrer sur votre bas-ventre, et vivre toute cette zone, cette zone pelvienne, sans tension,, également les muscles fessiers, les muscles des membres inférieurs, relâchés, la forme de votre 5e système, sans tension...

Tout votre corps est détendu ; prenez conscience de la détente globale de votre corps, de son équilibre, de sa respiration, de la présence de tout votre corps dans votre conscience, sans tension.

- Vous allez maintenant vous préparer mentalement à faire ***une Sophro-Stimulation corporelle*** *en sophro-respiration synchronique. Je vous l'explique d'abord, après une inspiration, vous amènerez les mains les doigts entrecroisés derrière la nuque, puis rétention, tension douce de tout le corps, expulsion et relaxation récupératrice. Si vous le voulez bien, nous allons maintenant pratiquer cette stimulation corporelle. Vous soufflez, Inspiration, les mains derrière la nuque, rétention, tension douce de tout le corps, le visage, les épaules et les bras, le cou, la nuque, l'abdomen, le thorax et la partie inférieure du corps jusqu'au bout des orteils (dit rapidement), expulsion, relaxation récupératrice...*

Une deuxième Sophro-Stimulation corporelle pour mieux activer le processus de corporalité. Inspiration, les mains derrière la nuque, rétention, tension douce de tout le corps, expulsion, relaxation récupératrice...

- Tout votre corps est relâché... Conscience de la ***forme*** *de votre corps relâché...*

Conscience de ***l'équilibre*** *de votre corps relâché surtout si vous êtes debout. L'habitude de cette relaxation debout est particulièrement utile dans la vie quotidienne. Assis vous prenez conscience de l'équilibre de votre position...*

Conscience de ***la respiration*** *de tout votre corps sans tension... Prenez maintenant conscience de votre respiration, libre, harmonieuse, respiration abdominale au bord du sommeil, calme et douce... La respiration est à la base de tout le processus de l'entraînement sophrologique et à chaque expiration, vous vous relaxez plus profondément. Chaque fois que vous expirez, vous lâchez prise davantage... Vous prenez conscience de l'aide que peut vous apporter votre respiration dans votre entraînement. Je vous laisse quelques instants fixer votre attention sur votre respiration et sur votre corps. À chaque respiration, vous vivez davantage sa présence.*

Relax*... Relâchez le visage, les épaules et les bras jusqu'au bout des doigts, le thorax, l'abdomen, respiration calme et harmonieuse... Partie inférieure du corps...*

- ***Pause phronique d'intégration****. Vous vivez au niveau profond de votre conscience, votre corps, les sensations de votre corps. Vous sentez davantage les messages de votre corps après la stimulation. Vous laissez venir toutes les sensations qui se produisent après la tension musculaire, cette perception est la base de l'apprentissage de la corporalité, de la présence du corps dans la conscience. À l'écoute de votre corps, prenez tout le temps nécessaire pour laisser venir les sensations, laissez-les s'épuiser, sans les interpréter, sans a priori.*

- Très tranquillement, vous allez maintenant vous mettre en ***posture ISOCAY****. Vous vous avancez sur votre siège, le dos bien droit décollé du dossier, les mains sur les cuisses, les épaules un peu en avant, pour retrouver votre équilibre. Prenez tout votre temps pour bien prendre conscience de cette posture. Présence de votre corps dans cette posture ; vous sentez comment, dans cette posture, vous pouvez vous sentir à la fois confortable, mais à la fois vous vous sentez actif, capable de vivre pleinement ce qui se présente...*

Vous allez laisser venir à votre esprit ***une situation agréable****, contenu agréable de nature, de paix, de bonheur, d'harmonie, situation de votre vie quotidienne, d'un événement qui va se dérouler bientôt, d'un voyage, voire d'un souvenir, à votre choix. Laissez venir cette situation... Qui évoque pour vous bonheur, et sérénité... Dès qu'elle apparaît, vous la fixez dans votre conscience et vous la vivez, dans le même confort, dans le même bien-être dans lesquels vous êtes* *maintenant en relaxation. Je vous laisse quelques instants approfondir cette situation dans ses détails....Vous prenez tout votre temps pour votre vivance...*

- ***Posture assise de sophronisation****. Relaxe. Pause phronique de Totalisation... Vous vivez au niveau profond de votre conscience la vie qui se déroule en vous, sans a priori, comme si c'était la première fois...*

- *Vous évoquez maintenant vos* ***trois capacités*** *de confiance, d'harmonie et d'espoir et quand vous le souhaiterez, vous pratiquerez votre désophronisation par système,*

- ***Désophronisation de base*** *par système. Maintenant vous vous préparez mentalement à faire votre reprise de tension musculaire, mais vous ne reviendrez pas à votre point initial, vous ferez cette reprise avec un capital d'harmonie puisé et redécouvert en vous-même qui vous servira pour les heures, pour les jours à venir. Et maintenant à votre rythme sans vous presser, vous faites trois respirations profondes... Respirez profondément plusieurs fois. Remuez les pieds, les jambes, les genoux, les jambes retrouvent leur tonus. Vous remettez en tension le bassin, conscience de la reprise de tension musculaire du 5e système, vous remettez en tension la paroi abdominale, le 4e système. Conscience du 3e système en train de revivre sa tension musculaire, vous pouvez remuer les doigts, les bras face interne, face externe, les muscles de la nuque, des épaules retrouvent leur tonus musculaire, conscience de la forme de votre 2e système. Vous pouvez bailler, remettre en tension tous les muscles du visage, du cuir chevelu, votre 1er système se remet en douce tension musculaire, vous vous étirez très fort pour bien prendre conscience de la forme de votre corps en reprise de tension musculaire... Et lorsque vous le désirez, vous pouvez ouvrir les yeux.*

Pratiquez cette séance, au minimum, une fois par jour.

Refaites cette séance aussi souvent que possible.

La force de la technique, c'est la répétition des Vivances des séances.

PHÉNODESCRIPTION

Dès que vous venez de réouvrir les yeux, prenez un crayon, et profitez de la persistance du niveau sophroliminal qui suit la séance pour laisser votre crayon dessiner les cinq systèmes. Laissez-les se dessiner sans a priori. Renouvelez l'expérience.

N'hésitez pas à faire un ***cahier de dessins***.

Vous dessinez après chaque séance les systèmes. Vous serez surpris de la richesse de ce cahier, très rapidement.

Deuxième "Technique Clé" - Sophro-Déplacement du Négatif des 5 Systèmes Isocay (SDN-5SI)

Une fois pratiquée la Sophronisation de Base Vivantielle par les 5 Systèmes Isocay (SBV-5SI), on procède au Sophro-Déplacement du Négatif de chaque Système, du premier au cinquième: en expulsant l'air on déplace toutes les tensions du système. Au début, après le SDN de chaque système, on réalise une Pause Phronique d'Intégration pour favoriser la Vivance Phronique de chaque système. Ensuite, on réalisera le SDN de tous les systèmes avec la Pause Phronique d'Intégration à la fin. Lorsque la Méthode sera maîtrisée on réalisera un SDN plus court sur chaque système afin de préparer la pratique de la "Technique Clé" suivante.

DÉFINITION ET INTÉRÊT

Le poète Jacques Prévert parlait des « affreux pépins de la réalité ». Au cours de sa vie privée ou de son activité professionnelle qui peut se vanter de les avoir toujours évités ?

Lorsqu'une sensation de mal-être corporel naît au plus profond de vous-même, il est temps de réagir en ayant recours à une technique vous permettant d'évacuer votre stress : le Sophro-Déplacement du Négatif, ou SDN qui vise à évacuer toutes les sensations corporelles négatives inscrites dans votre corps. C'est une sorte de nettoyage des zones de souffrance ou difficultés somatiques se traduisant par des tensions, des inconforts, des crispations ou bien d'autres gènes usuelles.

Alors dans ces moments, installez-vous confortablement dans votre position assise de relaxation et suivez le terpnos logos qui vous est proposé.

SOPHRO-DÉPLACEMENT DU NÉGATIF ABRÉGÉ

Lorsque cette technique est intégrée par le sophronisant, elle peut ensuite être pratiquée dans la sophronisation de base vivantielle, d'une manière abrégée, c'est-à-dire en parcourant rapidement les cinq systèmes et en procédant à une grande expiration à partir de chacun d'eux pour évacuer les contenus négatifs qui se présentent. Ceci permet ensuite d'aborder la technique choisie d'une manière beaucoup plus libre.

PROTOCOLE

- ***Sophronisation de Base Vivantielle par système***
- ***Posture Isocay***
- ***SDN 1 système***
- ***SDN 2° système***
- ***SDN 3° système***
- ***SDN 4° système***
- ***SDN 5° système***
- ***SDN corporalité***
- ***Pause Phronique de totalisation***
- ***Désophronisation***

TERPNOS LOGOS

Dans votre position assise de confort, vous fermez les yeux pour vous isoler du monde extérieur. Avec les yeux fermés, le corps relâché, vous prenez conscience tout d'abord de la forme de votre tête, de votre visage, de votre ***1e système sans tension****... Relaxez davantage le visage... Conscience de la forme de vos épaules, de vos bras, de vos avant-bras sans tension... Les mains se relâchent complètement... Relâchement des trapèzes, des muscles de la nuque et du cou. Vous pouvez rechercher une position d'équilibre de votre tête. La nuque se* *relâche complètement, très profondément... Conscience de la forme de votre cou et de votre nuque, le* ***2e système sans tension****. Relâchement du thorax, toute votre paroi thoracique se détend pour laisser plus de place à votre cœur, à vos poumons en train de se détendre. La détente se prolonge sur toute la face interne des bras, jusqu'à la paume des mains. Conscience de la forme de votre* ***3e système sans tension****. L'abdomen, et tout l'anneau abdominal se relâchent, conscience de la forme de votre abdomen, de sa respiration calme et naturelle... De votre dos relâché... Conscience de la forme de votre* ***4e système sans tension****... Relâchez maintenant la partie inférieure du corps, le bassin, le périnée, les fessiers, les cuisses se relâchent, les jambes bien verticales, angle droit avec le sol, vos pieds bien en contact avec le sol. Conscience de la forme de votre* ***5e système sans tension****... Vous approfondissez la détente de tout votre corps en relâchant tous les muscles paravertébraux. Vous laissez aller très profondément, au bord du sommeil...*

Vous pouvez vous préparer à vivre la ***posture Isocay****, plus en avant sur la chaise, le dos bien droit, les mains sur les cuisses.*

- Vous allez pratiquer maintenant le ***Sophro-Déplacement du négatif****, dans le même ordre que la sophronisation de base vivantielle, système par système. Je vous indique comment pratiquer. Vous ferez ensuite cet exercice en respiration synchronique. Après avoir inspiré l'air, en rétention, vous effectuerez une tension douce de chaque région du corps en essayant de percevoir les zones de pression, les zones de tension, de tiraillement, de fourmillements, d'inconfort, et, à l'expiration, vous expulserez tout le négatif de cette zone. Dans les expirations qui suivent, vous renforcerez cette expulsion du négatif. C'est une lecture des tensions internes de votre corps...*

Si vous voulez bien, vous allez commencer par le visage. Vous soufflez, inspiration, rétention, tête légèrement en arrière et pour vous aider, vous allez placer vos mains au niveau de votre front sur le ***1er système****, tension douce de tout le visage en essayant de percevoir les zones difficiles, les zones de tension et à l'expiration, vous expulsez le négatif en soufflant. Pendant la respiration libre et naturelle suivante, le négatif qui éventuellement persisterait continue d'être expulsé...C'est très bien.*

Maintenant vous placez les mains sur les cuisses, quelques moments de pause phronique, d'intégration de votre 1er système. Essayez de vivre la sensation de détente, de bien-être dans le visage.

Maintenant, vous allez déplacer le négatif dans le ***2e système****, pour cela, pendant votre inspiration, vous allez vous concentrer sur votre cou, votre nuque, ,les épaules et les bras jusqu'au bout des doigts, Pour vous aider, vous pouvez placer les doigts au niveau de la face antérieure du cou, au niveau de la thyroïde. Vous soufflez, rétention et tension douce du cou, de la nuque, des épaules, des bras, des avant-bras et des doigts jusqu'au bout pour bien en prendre conscience, percevez les zones de tension interne, et vous évacuez le négatif en soufflant... Pendant la respiration libre et naturelle, le négatif qui éventuellement persisterait continue d'être expulsé...*

- Maintenant vous placez de nouveau les mains sur les cuisses, vous faites quelques pressions des mains sur les cuisses pour vivre la présence permanente de votre corps dans la conscience. Essayez de vivre la présence de votre 2e système. Pause phronique d'intégration, sentiment d'intégration du 2e système.

Maintenant, vous allez vous concentrer sur votre ***3e système****. Pour vous aider, vous placez vos doigts au niveau du point d'intégration du système, au niveau du sternum. Quelques moments de Sophro-Déplacement du Négatif sur votre 3e système. Le thorax et le dos, vous vous asseyez sur le bord de la chaise... Tension du buste en mettant les mains sur les hanches, les coudes se mobilisant vers l'arrière comme s'ils voulaient se toucher fortement, avec mobilisation de votre dos et de votre poitrine. Inspiration, rétention coudes en arrière, tension douce du thorax, du dos, lecture du négatif, soufflez, vous évacuez ce négatif. Pendant la respiration libre et naturelle le négatif qui éventuellement persisterait continue d'être expulsé...*

Expulsez. Sentiment de libération de toutes les tensions de votre 3e système. Maintenant vous placez les mains sur les cuisses de nouveau avec une douce pression, qui permet toujours de vivre la présence du corps. Sentiment d'intégration de votre 3e système

- Et maintenant, concentration sur le ***4e système*** *SVP. Vous placez les doigts au niveau de la région ombilicale, l'abdomen, vous mettez vos mains sur le ventre et vous appuyez pour bien le percevoir, intérieur, extérieur, vous soufflez, inspiration, rétention, tension douce de tout l'abdomen dans cette position, de tout l'anneau abdominal, prise de conscience des zones de crispation, soufflez expulsion du négatif, nettoyage de toute la cavité abdominale... Relaxe, à chaque expiration, vous vous débarrassez des tensions, en soufflant vous libérez les organes de la digestion, foie, intestin, estomac, etc.... Nettoyage de toute la cavité abdominale, bien-être... Essayez de libérer toutes les tensions de votre 4e système. Placez les mains sur les cuisses. Douce pression des mains sur les cuisses, pour vivre la présence du corps dans la conscience. Sentiment de bien-être, de confort, sentiment d'intégration dans votre 4e système.*

La partie inférieure du corps, Mettez les mains au niveau du 5e système, les mains au niveau du point d'intégration, sur le bas-ventre. Sophro-Déplacement du Négatif de votre ***5e système****. Tension douce de toute la partie inférieure du corps jusqu'au bout des orteils, localisez les tensions dans le bassin, les membres inférieurs. Expulsez l'air, essayez d'expulser, de déplacer dehors toutes les tensions qui peuvent exister sur votre 5e système, au niveau des organes génitaux, des extrémités inférieures, au niveau de la région sacrée, tout votre 5e système est libéré des tensions au moment de l'expulsion. Pendant la respiration libre et naturelle le négatif qui éventuellement persisterait continue d'être expulsé...Vous placez les mains sur les cuisses. Pause phronique d'intégration Sentiment d'intégration au niveau du 5e système.*

- Pour terminer ce déplacement du négatif, vous allez le pratiquer sur ***tout le corps****, Essayez de vous concentrer sur la corporalité, de vivre tout le corps, vivre la présence du corps dans la conscience. Sophro-Déplacement du Négatif de la corporalité. Pour cela, vous pouvez mettre les mains, doigts croisés derrière la nuque, vous effectuez une tension de tout le corps en arc de cercle en arrière, en appuyant sur les talons, pour bien prendre la mesure de votre corps en totalité. Si vous le voulez bien, vous soufflez, inspiration, rétention de l'air, tension douce de tout le corps en arc de cercle, le visage, les épaules et les bras, le cou et la nuque, le thorax, l'abdomen, la partie inférieure du corps jusqu'au bout des pieds,*

(dit rapidement), prise de Conscience des zones de crispation, expulsion, relaxe, éloignement définitif des derniers éléments de tensions négatives pouvant encore exister. Pendant la respiration libre et naturelle le négatif qui éventuellement persisterait continue d'être expulsé... Au moment d'expulser l'air, essayez de vous libérer de toutes les tensions au niveau de votre corps, expulsion.

*- **Pause phronique de Totalisation**. Faites une grande relaxation, votre conscience s'imprime des vivances de cette séance. Pendant quelques instants, je vous laisse faire votre pause de Totalisation. Vous accueillez les sensations d'harmonie, de sérénité, d'être bien dans sa peau après la libération, l'évacuation des tensions, de votre moi corporel.*

Vous activez en vous vos trois capacités, de confiance, de possibilité d'harmonie physique et mentale, capacité d'espoir, de projets. Vous pouvez terminer la séance en respirant profondément plusieurs fois, en remuant les orteils, les jambes, les cuisses, le bas-ventre, l'abdomen, le thorax, les bras, la nuque et le cou, les muscles du visage et en vous étirant d'abord doucement, puis plus énergiquement. Vous prenez tout votre temps pour une complète récupération avant de terminer la séance et d'ouvrir les yeux.

Pratiquez cette séance, au minimum, une fois par jour jusqu'à ce que vous vous sentiez capable d'évacuer le négatif qui est en vous rapidement dès que vous en avez besoin

La force de la technique, c'est la répétition des vivances des séances.

PHÉNODESCRIPTION

Après chaque séance, vous pouvez remplir le tableau ci-dessous pour apprécier l'intensité des phénomènes. Notez-les de 0 à 5. Augmentez la cotation selon l'intensité et la nouveauté des phénomènes perçus, de 0 jusqu'à 5. Aucun phénomène : 0, phénomène maximal : 5

SDN-5SI	SÉANCES						
PHÉNOMÈNES	**1°**	**2°**	**3°**	**4°**	**5°**	**6°**	**7°**
Sophronisation de base							
Posture Isocay							
Conscience du 1° système							
SDN 1° système							
Conscience du 2° système							
SDN 2° système							
Conscience du 3° système							
SDN 3° système							
Conscience du 4° système							
SDN 4° système							
Conscience du 5° système							
SDN 5° système							
Conscience de la corporalité							
SDN corporalité							
Pause phronique de totalisation							
Activation des capacités							
Désophronisation							
Total des points							

Troisième "Technique Clé" - Sophro-Stimulation Vitale des 5 Systèmes Isocay (SSV-5SI)

Une fois maîtrisées les deux Techniques clés antérieures, on procède à la pratique de la Technique de Sophro-Stimulation Vitale des 5 Systèmes Isocay (SSV-5SI) en orientant la Vivance Phronique de chaque système du premier au cinquième, pour que chacun d'eux vive une douce augmentation de la température, de l'énergie, de la chaleur vitale et du plein fonctionnement des tissus et des organes vitaux du système. Le procédé est le même que la Technique Clé du Sophro-Déplacement du Négatif des 5 Systèmes Isocay (SDN-5SI), permetttant que la découverte et la maîtrise des systèmes se réalisent lentement et progressivement.

À la fin la Sophro-Stimulation Vitale se fera de façon courte et rapide, puisque les deux premières "Techniques Clé" se pratiqueront toujours avant de commencer n'importe quelle technique de la méthode proprement dite.

Il y a trois modalités de la Technique de Sophro-Stimulation Vitale :

a) la Sophro-Stimulation Vitale des 5 systèmes Isocay proprement dite ici décrite,

b) la Sophro-Activation Vitale des 5 systèmes Isocay (SAV-5SI) qui consiste au même procédé, mais en activant les sensations et l'activation de chaque système ici mentionnées plus doucement, sans arriver à les stimuler,

c) la Sophro-Harmonisation Vitale des 5 systèmes Isocay (SHV-5SI) qui consiste à essayer simplement d'activer l'harmonisation des tissus et organes des systèmes en un fonctionnement harmonique, mais sans activation ni stimulation. Le sophrologue jugera la convenance de chacune de ces variantes.

DÉFINITION ET INTÉRÊT

Il s'agit de la préparation à toutes les autres techniques de Sophro-Stimulation. Elle permet de rendre présents les **organes** dans la conscience et de renforcer ainsi leur structure biologique.

Programmée au niveau phronique, elle dynamise chaque système et apprend aux organes vitaux à participer dans les programmes effectués en donnant plus de dynamisme à ces structures biologiques. En évitant de limiter le processus de sophronisation à la détente musculaire, elle donne un sens à la Vivance de la structure du corps et donc à la «forme»

Entraînement existentiel, elle dégage toute l'ÉNERGIE de l'existence positive de l'être.

PROTOCOLE

- ***Sophronisation de Base Vivantielle par les 5 systèmes Isocay*** (SBV-5SI) en posture de relaxation assise.
- ***Posture Isocay.***
- ***Sophro-Déplacement du Négatif abrégé.***
- ***Conquête des organes vitaux*** en les stimulant par :
  - Une activation de la circulation,
  - Une augmentation douce de la température dans le système concerné,
  - Une vivance sur les principaux organes des 5 systèmes

    1° : Cerveau

    2° : Thyroïde, cordes vocales

    3° : Poumons, cœur, thymus

    4° : Reins, foie, rate, appareil digestif

    5° : Gonades, prostate, utérus, extrémités inférieures.

• Totalisation de la corporalité, toujours en faisant participer les organes.

• Pause phronique de totalisation.

• Désophronisation.

TERPNOS LOGOS

Vous pouvez vous installer, dans votre position assise de relaxation. Je vous laisse prendre conscience de la forme de votre visage en train de se détendre. Prise de conscience du 1er système, sans tension Conscience de la forme de votre cou, de votre nuque, de vos bras en train de se relâcher. Conscience de la forme de notre 2e système, sans tension. Conscience de votre thorax en train de se détendre, de votre respiration qui se fait plus calme. Vous pouvez sentir votre cœur qui bat doucement mais fermement. La forme de notre 3e système en train de se relâcher. Conscience de votre respiration devenue spontanément abdominale, respiration de confort, de détente, vous approfondissez le relâchement de tout votre anneau abdominal. Conscience de la forme de votre abdomen sans tension. Conscience de la forme de notre 4e système sans tension. Conscience de la forme de votre bassin et de vos jambes en train de se détendre, jusqu'à l'extrémité de la pulpe des orteils, les pieds bien ancrés au sol. La forme de notre 5e système en train de se relâcher.

Et vous prenez conscience de la forme de tout votre corps sans tension. Détente de la tête, des épaules, des bras, de la nuque, puis de toute la partie inférieure du corps. Vous prenez quelques instants pour écouter les sensations agréables ou neutres que vous envoie votre corps. Sensations de détente, peut-être sensations de chaleur ou de fourmillement. La forme de tout votre corps sans tension, de votre corporalité en train de se relâcher.

Vous pouvez maintenant prendre ***la posture Isocay****, le dos bien droit, la tête légèrement en arrière, les épaules légèrement en avant, les mains posées sur les cuisses pour bien sentir la présence de votre corps dans la posture.*

*Et nous allons faire un **Sophro-Déplacement du négatif abrégé** sur l'ensemble du corps. Quand vous voulez, vous soufflez bien fort, et à l'inspiration, mains derrière la nuque, vous mettez tout votre corps en tension, depuis les pieds jusqu'à la tête, en insistant sur les zones qui vous posent plus de souci, vous prenez conscience de toutes les tensions de votre corps, et quand vous voulez, vous soufflez bien fort et vous lâchez. Repos. Vous lâchez chacune des tensions au niveau de votre corps, et vous profitez de chacune des expirations suivantes pour continuer à évacuer les tensions. Si vous voulez, on va refaire cet exercice une deuxième fois : Quand vous voulez, vous soufflez ; et à l'inspiration, tension du corps depuis les pieds jusqu'à la tête, prise de conscience de toutes les tensions résiduelles du corps, et à l'expiration, à votre rythme, vous envoyez loin, très loin, toutes les tensions. Relax.*

Concentrez-vous sur le 1er système, moment de SDN, pour préparer la technique de Sophro-Activation Vitale ; SDN sur le 2e système, sur le 3e système, sur le 4e système, sur le 5e système.

*Quelques moments de **Sophro-Stimulation Vitale** sur le **1er système**. Essayons de nous concentrer sur le 1er système, essayons de renforcer doucement l'énergie vitale en renforçant ses structures. Douce augmentation de la circulation et de la température. Une circulation harmonieuse porte la vie, porte la chaleur de la vie, c'est une chaleur tiède, profonde qui favorise les tissus du 1er système, le visage, la tête, notre cerveau. C'est la base de l'existence et nous partons à la conquête de notre cerveau pour qu'il se programme lui-même dans l'existence. C'est avec lui que l'on a fait le programme, mais on va lui conférer un sentiment de bien-être, par une augmentation au niveau de la circulation cérébrale, de la température au niveau du visage, des épaules, pour la forme, un sentiment de bien-être. Douce augmentation du tonus vital, de tout notre 1er système, de toute notre existence. Respirez. Par cette douce augmentation de la circulation, nous allons conquérir notre cerveau pour le programme phronique d'une existence de vraies valeurs.*

*Dans notre **2e système**. Concentrez-vous sur ce 2e système. Essayons de renforcer ces structures… Par une augmentation douce de la circulation, de la température au niveau* *de notre 2e système. Spécialement au niveau de la thyroïde, augmentation de l'énergie, de la température de la circulation, augmentation de la température dans tout le 2e système avec un sentiment profond de bien-être.*

Maintenant sur notre 3e système. Nous commencerons par une concentration sur les points d'intégration du système et ensuite sur la forme du système. Augmentation douce de la température, renforcement de cette structure biologique et des organes vitaux au niveau de notre cœur, de nos poumons, de notre thymus. Nous renforçons la vague de la circulation, cette circulation douce et harmonieuse. Normalisation du fonctionnement cardiaque et renforcement de son énergie, renforcement du thymus. Augmentation de la chaleur vitale dans notre ***3e système****. La conquête des organes vitaux va être à la base de la programmation du système. Renforcement du sentiment de bien-être au moment d'expirer l'air, dans le cœur, le thymus.*

Maintenant dans le ***4e système****. Augmentation de la température, de la circulation au niveau des organes. Renforcement de cette structure phronique, de tous les autres organes vitaux de notre 4e système : le foie, les reins, le pancréas, la rate, l'appareil digestif, augmentation de la biologie, de cette structure biologique, augmentation de la circulation au niveau des organes. Nous partons à la conquête de nos organes, parce qu'ils vont être nécessairement écrits dans le programme existentiel car ils sont la vie.*

Maintenant ***5e système****. Augmentation de la température de notre 5e système, de la circulation. Renforcement des structures biologiques des organes, au niveau de la prostate chez l'homme, des ovaires, de l'utérus chez la femme, la vessie, les extrémités inférieures.*

Essayons de vivre ***la totalisation*** *de cette expérience. Douce augmentation de notre circulation, devenue plus harmonieuse, de toute la corporalité, présence de tous les organes dans le programme. Augmentation vitale de tous les organes, avec un sentiment d'harmonie vitale, d'énergie vitale, augmentation de notre tonus vital.*

Relaxe. Pause totale de totalisation, où vous pouvez vivre la présence de votre corps dans la conscience, présence de tous ces organes porteurs de vie, d'envies, porteurs de valeurs, que vous allez programmer à chaque fois que vous allez faire l'entraînement, dans votre démarche de vie, dans vos projets. Force de cette énergie qui est en vous, qui demande à s'exprimer par des actes pleins de Valeur.

Comme d'habitude, vous allez pouvoir renforcer ***vos capacités*** *; votre capacité de confiance, capacité d'harmonie physique, mentale, capacité d'espoir.*

Et quand vous voudrez, à votre rythme, vous pourrez faire votre ***désophronisation****, en faisant d'abord deux ou trois respirations profondes, puis en remettant en mouvement, tout d'abord vos pieds, puis vos jambes, votre bassin, votre ventre, votre thorax, votre cou et, enfin votre visage. Quand vous voulez, vous pouvez vous étirer, bailler, et à votre rythme, ouvrir les yeux...*

Pratiquez cette séance lorsque vous vous sentez en perte d'énergie

Refaites cette séance aussi souvent que possible.

La force de la technique, c'est la répétition des Vivances des séances.

PHÉNODESCRIPTION

Après chaque séance, vous pouvez remplir le tableau ci-contre pour apprécier l'intensité des phénomènes. Notez-les de 0 à 5.

Augmentez la cotation selon l'intensité et la nouveauté des phénomènes perçus, de 0 jusqu'à 5. Aucun phénomène : 0, phénomène maximal : 5.

SSV	**SÉANCES**						
PHÉNOMÈNES	**1°**	**2°**	**3°**	**4°**	**5°**	**6°**	**7°**
Sophronisation de base							
Posture Isocay							
Conscience du ° système							
Sophronisation Déplacement du Négatif Abrégé							
SAV 1° système							
SAV 2° système							
SAV 3° système							
SAV 4° système							
SAV 5° système							
SAV corporalité							
Pause phronique de totalisation							
Activation des capacités							
Désophronisation							
Total des points							

Les trois "Techniques Clé" peuvent se pratiquer de façon dynamique ou statique. Lorsqu'elles se pratiquent de façon dynamique les personnes en entraînement se trouvent debout, avant la pratique des différents degrés de la RDC. Lorsqu'elles se pratiquent de façon statique, les personnes en entraînement sont assises ou en Posture Isocay selon la pratique des autres techniques qui composent la Méthode Alfonso Caycedo.

Une fois vécue la Phase Préparatoire on initie les premières pratiques de la Sophro-Analyse Vivantielle par les 5 Systèmes Isocay (SAVC-5SI) qui permet aux élèves d'étudier les techniques Phroniques de Futurisation, de Prétérisation et de Totalisation.La Sophro-Analyse réveille en eux depuis le commencement même de leur entraînement une vision phénoménologique et existentielle de leur propre historicité à travers les 5 SYSTÈMES ISOCAY, les préparant ainsi pour le moment où ils auront à utiliser la méthode avec leurs patients au niveau clinique, ou avec leurs élèves au niveau de la prophylaxie sociale.

PREMIER CYCLE DE LA MÉTHODE ALFONSO CAYCEDO

Le premier cycle de la Méthode Alfonso Caycedo comprend les degrés 1, 2, 3 et 4 de la RDC et ses techniques spécifiques de chaque degré qui sont :

a) Les techniques centrées sur le présent, spécifiques de la RDC 1 ;

b) Les techniques centrées sur l'avenir, spécifiques de la RDC 2 ;

c) Les techniques centrées sur le passé, spécifiques de la RDC 3 ;

d) Les techniques centrées sur la totalisation, spécifiques de la RDC 4.

Il comprend aussi une série de théories propres à chaque degré. Vont suivre les techniques spécifiques du Premier Cycle.

LES TECHNIQUES CENTRÉES SUR LE PRÉSENT ET LA RDC I

La Sophro-Respiration Synchronique (SRS)

DÉFINITION ET INTÉRÊT

Par cette technique, les sophronisants apprennent, pendant la Sophronisation, à synchroniser le processus respiratoire en différentes modalités, avec des mouvements corporels ou la formulation mentale de pensées, images, sensations, etc. Cette technique est également appelée **Vivance Phronique de la Respiration (VPR)** *car elle nous apprend à vivre la respiration dans la profondeur de notre conscience.*

Elle est utilisée dès le premier jour avec les patients et constitue un moyen d'activation permanent en Sophrologie. Elle permet de parvenir à la conscience respiratoire débouchant sur des résultats concrets tels que : projection positive des problèmes, renforcement du moi, anti-stress. Son intérêt s'étend aux performances sportives, aux examens et au sommeil dont elle sert de base à la technique qui lui est réservée.

PROTOCOLE

- ***Les 3 techniques « clé » :***
  - Sophronisation de Base Vivantielle.
  - Posture Isocay.
  - Sophro-Déplacement du Négatif abrégé et Sophro-Activation Vitale abrégée.
- ***Concentration sur la respiration*** libre, calme, conscience de la respiration du corps relaxé...
- ***Sophro-Respiration Synchronique (SRS) avec la pensée***
  - Un mot peut suffire tout d'abord : calme, harmonie, paix, quiétude, sérénité, détente, apaisement, relax, etc.... Intégration du bien-être.

- Recherche d'un souhait, d'une formule pourvue d'une intention en rapport avec le but recherché, projet positif résumé dans une courte phrase
  - soit conseillée par le sophrologue,
  - soit imaginée par le sophronisant.
- Formulation mentale de la formule retenue pendant quelques minutes, en S.R.S., sur l'expiration douce et prolongée, avec un effort de concentration renforçant le phénomène et sa Vivance...

- ***Pause phronique de totalisation.***
- ***Activation des trois capacités.***
- ***Désophronisation.***

TERPNOS LOGOS

SBV-5SI*. Vous vous installez confortablement dans votre position assise de sophronisation. Vous pouvez fermer les yeux pour vous isoler du monde extérieur. Vous allez prendre conscience de la détente de votre corps, système par système. Concentrez-vous sur votre front... Conscience de la forme de votre visage détendu, de toute votre tête sans tension, 1er système détendu. Concentrez-vous sur la région antérieure du cou... Conscience de la forme de votre cou, de votre nuque, de la partie extérieure des épaules, de la partie externe des bras sans tension, relâchés. 2e système relâché. Vous pouvez vous centrer maintenant sur votre sternum. Conscience de votre thorax, sans tension, conscience de la partie intérieure des bras sans tension, des mains. 3e système détendu. Concentrez-vous sur votre ombilic, conscience de la forme de votre 4e système, sans tension, région ombilicale sans tension. Vous allez maintenant vous centrer sur votre bas-ventre, et vivre toute cette zone, cette zone pelvienne, sans tension, relâchée, également les muscles fessiers, les muscles des membres inférieurs, sans tension. 5e système sans tension. Tout votre corps est détendu ; prenez conscience de la détente globale de votre corps, de son équilibre, de sa respiration, de la présence de votre corps dans votre conscience, sans tension.*

Très tranquillement, vous allez maintenant vous mettre en ***posture ISOCAY****. Les mains sur les cuisses, le dos droit, les épaules très légèrement en avant, pour retrouver votre équi-*

libre. Prenez tout votre temps pour bien prendre conscience de votre posture ; Présence de votre corps dans cette posture ; vous sentez comment, dans cette posture, vous pouvez vous sentir à la fois confortable, mais à la fois vous vous sentez actif, capable de vivre pleinement la séance...

*Quelques moments de **Sophro-Déplacement du négatif abrégé**. Concentrez-vous sur votre 1e système. Si vous le voulez, vous faites une très légère Sophro-Stimulation corporelle, vous évacuez le négatif de votre 1er système ; Sophro-Déplacement du négatif sur le 2e système ; puis sur le 3e système. Vous vous centrez sur le 4e système, une petite stimulation corporelle, et évacuation du négatif. Sophro-Déplacement du négatif maintenant sur votre 5e système. Vous vivez maintenant la présence de tout votre corps dans la conscience.*

*Avant de pratiquer la technique de Sophro-Respiration synchronique vous allez activer chacun de vos organes vitaux. Vous allez donc pratiquer une **Sophro-Activation Vitale rapide**. Quelques moments d'activation vitale des organes. Douce augmentation de chaleur, augmentation du diamètre des vaisseaux qui viennent nourrir les organes vitaux, au niveau du 1° système, le cerveau ; au niveau du 2°, la thyroïde ; du 3°système, le cœur, les poumons ; du 4° système, douce activation des organes digestifs, l'estomac, le foie, la vésicule biliaire, le pancréas, les intestins, du 5° système, les organes génitaux, ovaires, utérus pour les femmes, prostate pour l'homme, ainsi que les jambes.*

*- Relaxe. Pause phronique d'intégration, vous êtes à l'écoute de votre corps et vous vivez les messages, les phénomènes de votre corps comme ils viennent, sans a priori...**(Sophro-Respiration synchronique).***

Vous pouvez maintenant vous placer en posture Isocay

- Doucement vous prenez conscience de votre respiration abdominale, calme et naturelle, respiration harmonieuse... Vous avez commencé à lâcher prise et à l'aide de votre respiration expiration, vous allez approfondir le lâcher prise pour venir davantage au bord du sommeil prendre davantage conscience du niveau sophroliminal.... Pendant quelques instants, à chaque expiration, vous lâcherez prise davantage, globalement en prononçant mentalement un mot qui évoque spontanément pour vous ce phénomène, par exemple calme, relaxation, détente, paix, harmonie, sérénité ou un autre mot de votre choix... À chaque expiration, vous pronon-

cez mentalement ce mot, en faisant diffuser dans tout votre corps le sentiment qu'il induit... vous le prononcez et vous allez plus encore lui faire pénétrer votre conscience profonde... Je vous laisse quelques instants pratiquer cet exercice...

- Je vous propose maintenant de vous imaginer un projet positif que vous avez dans un avenir proche, une à deux semaines ou un à deux mois, et de choisir une formule de quelques mots pour réussir ce projet, qui résume le but de ce projet, (par exemple, je vais réussir mon examen, je vais réaliser ma reconversion, à adapter) sans utiliser dans cette formule aucun terme négatif. Je vous laisse choisir votre projet et votre phrase, votre formule intentionnelle... Pendant quelques minutes mentalement, vous prononcerez cette formule surtout sans la changer en la laissant toujours identique, sur votre expiration... Vous la faites diffuser dans tout votre corps et vous vous concentrez sur le vécu de cette formule... Vous pouvez la renforcer avec une expiration douce et prolongée....

- Vous allez tranquillement rester relaxé, mais mettez provisoirement cette formule de côté, vous savez que vous pourrez y revenir... Vivez à nouveau votre corps ici, maintenant. Vous relâchez votre visage, les épaules et les bras, le cou et la nuque, l'abdomen, le thorax et la partie inférieure du corps... Quelques minutes de pause phronique de totalisation pendant laquelle votre conscience s'imprime des moments importants de la séance. Vous êtes déjà dans une méditation. Pause phronique...

- Vous activez vos capacités de confiance... D'harmonie physique et mentale... Votre capacité d'espoir... À votre rythme.

- Et vous ferez votre désophronisation, comme vous en avez pris l'habitude, quand vous le souhaiterez. Vous prendrez tout votre temps pour une complète récupération.

Pratiquez cette séance, au minimum, une fois par jour.

Refaites cette séance aussi souvent que possible.

La force de la technique, c'est la répétition des Vivances des séances.

PHÉNODESCRIPTION

Après chaque séance, vous pouvez remplir le tableau ci-contre pour apprécier l'intensité des phénomènes. Notez-les de 0 à 5.

Augmentez la cotation selon l'intensité et la nouveauté des phénomènes perçus, de 0 jusqu'à 5. Aucun phénomène : 0, phénomène d'intensité maximale : 5.

SRS	**SÉANCES**						
PHÉNOMÈNES	**1°**	**2°**	**3°**	**4°**	**5°**	**6°**	**7°**
SBV							
SDN abrégé							
Sophro-Activation Vitale							
Concentration sur la respiration							
SRS avec la pensée							
Un mot							
Recherche d'*un souhait*, d'*une formule*							
Formulation mentale de la formule en SRS							
Concentration							
Vivance							
Pause phronique de totalisation							
Activation des trois capacités							
Désophronisation							
Total des points							

La Sophro-Présence Immédiate (SPI) du Positif

DÉFINITION ET INTÉRÊT

Cette technique vise à renforcer le positif à l'intérieur de soi.

Caycedo précise : « ***Nous allons installer dans chacune des régions de notre corps le bien-être nécessaire à sa protection*** ».

Cette technique active le positif, la confiance en soi, le sentiment de bien-être, de chaleur affective. Elle permet de surmonter les difficultés avec le sourire, l'assurance et sans doute l'amour.

Sur le plan biologique ou corporel, on peut la définir comme une somatisation[1] du positif qui s'applique aux objets, sentiments, projets ou réalisations et à l'entourage. En renforçant les structures profondes de l'être elle lutte contre le stress.

PROTOCOLE

- ***Les 3 techniques « clé » :***
  - Sophronisation de Base Vivantielle.
  - Posture Isocay.
  - Sophro-Déplacement du Négatif abrégé & Sophro-Activation Vitale abrégée.
- ***Stratégie pour activer le positif :***
  - Évocation d'un contenu positif,
  - Inspiration de cette Vivance Positive,
  - Sensation de bien-être au moment d'inspirer l'air.

• ***Sophro-Présence Immédiate*** (SPI) par système. Installer le positif à chaque inspiration dans chaque système :

1° : Tête et visage,

2° : Épaules et face externe des bras. Cou et nuque,

3° : Thorax et dos, face interne des bras,

---

[1] *Faire passer sur le plan corporel un contenu psychique*

4° : Abdomen et lombes,

5° : Bassin et membres inférieurs,

6° : Tout le corps : le corps et l'esprit sont en concordance, sensation d'harmonie vitale, doucement on respire tout le bonheur du monde.

- ***Pause Phronique de Totalisation***
- ***Activation des capacités***

* ***Désophronisation.***

TERPNOS LOGOS

(SBV-5SI) *- Vous vous installez confortablement dans votre position assise de sophronisation. Vous pouvez fermer les yeux pour vous isoler du monde extérieur. Vous allez prendre conscience de la détente de votre corps, système par système. Concentrez-vous sur votre front... Conscience de la forme de votre visage détendu, de toute votre tête sans tension, 1er système détendu. Concentrez-vous sur la région antérieure du cou... Conscience de la forme de votre cou, de votre nuque, de la partie extérieure des épaules, de la partie externe des bras sans tension, relâchés. 2e système relâché. Vous pouvez vous centrer maintenant sur votre sternum. Conscience de votre thorax, sans tension, conscience de la partie intérieure des bras sans tension, des mains. 3e système détendu. Concentrez-vous sur votre ombilic, conscience de la forme de votre 4e système, sans tension, région ombilicale sans tension. Vous allez maintenant vous centrer sur votre bas-ventre, et vivre toute cette zone, cette zone pelvienne, sans tension, relâchée, également les muscles fessiers, les muscles des membres inférieurs, sans tension. 5e système sans tension. Tout votre corps est détendu ; prenez conscience de la détente globale de votre corps, de son équilibre, de sa respiration, de la présence de votre corps dans votre conscience, sans tension.*

Très tranquillement, vous allez maintenant vous mettre en ***posture ISOCAY****. Les mains sur les cuisses, le dos droit, les épaules très légèrement en avant, pour retrouver votre équilibre. Prenez tout votre temps pour bien prendre conscience de votre posture ; Présence de votre corps dans cette posture ; vous sentez comment, dans cette posture, vous pouvez vous sentir à la fois confortable, mais à la fois vous vous sentez actif, capable de vivre pleinement la séance...*

Quelques moments de ***Sophro-Déplacement du négatif abrégé****. Concentrez-vous sur votre 1e système. Si vous le voulez, vous faites une très légère Sophro-Stimulation corporelle, vous évacuez le négatif de votre 1er système ; Sophro-Déplacement du négatif sur le 2e système ; puis sur le 3e système. Vous vous centrez sur le 4e système, une petite stimulation corporelle, et évacuation du négatif. Sophro-Déplacement du négatif maintenant sur votre 5e système. Vous vivez maintenant la présence de tout votre corps dans la conscience*

Avant de pratiquer la technique de Sophro-Respiration synchronique vous allez activer chacun de vos organes vitaux. Vous allez donc pratiquer une ***Sophro-Activation Vitale rapide****. Quelques moments d'activation vitale des organes. Douce augmentation de chaleur, augmentation du diamètre des vaisseaux qui viennent nourrir les organes vitaux, au niveau du 1° système, le cerveau ; au niveau du 2°, la thyroïde ; du 3°système, le cœur, les poumons ; du 4° système, douce activation des organes digestifs, l'estomac, le foie, la vésicule biliaire, le pancréas, les intestins, du 5° système, les organes génitaux, ovaires, utérus pour les femmes, prostate pour l'homme, ainsi que les jambes.*

Relaxe. Pause phronique d'intégration, vous êtes à l'écoute de votre corps et vous vivez les messages, les phénomènes de votre corps comme ils viennent, sans a priori...

(SPI)- *Tranquillement avec votre respiration naturelle, vous allez essayer à chaque inspiration de* ***mobiliser le positif****. Vous allez faire entrer en vous du positif, le faire diffuser dans tout votre corps. Laissez venir une évocation positive, vous pouvez avoir une image positive, un lieu, une sensation, un moment de la journée que vous aimez bien... Ce peut être la présence d'un être cher, un parfum, une musique ou toute autre sensation positive de votre choix. Lorsque vous avez trouvé pour vous ce positif, vous l'activez en vous concentrant, en le fixant avec votre esprit, et en le faisant entrer dans votre organisme.*

- Vous allez maintenant charger de positif votre visage, c'est une somatisation positive du ***1er système****. Inspiration du positif, tête en arrière, rétention, stimulation douce du visage et vous fixez le positif, à chaque inspiration, vous faites entrer du positif dans ce visage. Vous inspirez profondément les sensations... À chaque expiration, vous envoyez le positif dans chaque cellule de votre corps.*

*- Le cou, la nuque, Les épaules et les bras, soufflez, douce tension de votre **2e système**, tête légèrement en arrière, inspiration du positif, rétention, tension douce, soufflez, concentration et vous installez le positif, et à chaque inspiration qui suit vous remplissez de positif votre nuque et votre cou, vos épaules et vos bras, vous protégez cette zone en faisant le plein de positif. À chaque expiration, vous envoyez le positif dans chaque cellule de votre corps.*

*- Le thorax, le dos... Vous faites une douce tension sur le **3e système**, vous pouvez la faire très légèrement, mais simplement à chaque inspiration, vous remplissez cette zone de sensations positives... Vous accueillez chacune des sensations agréables, sentiment de bien-être à ce niveau. À chaque expiration, vous envoyez le positif dans chaque cellule de votre corps.*

*- L'abdomen **4e système**, posture libre de stimulation, à chaque inspiration, vous amenez une sensation agréable, de plénitude, de bien-être, du fonctionnement viscéral de votre corps... Nous sommes vraiment dans la zone de fonction viscérale, de la vie. Dans votre abdomen, vous pouvez stimuler, si vous le souhaitez, par une légère tension, une zone de votre choix, comme si cette zone se remplissait de choses agréables, comme si cela facilitait le fonctionnement de tous les organes. Vous vous remplissez maintenant de positif à partir de l'intérieur de votre corps... À chaque expiration, vous envoyez le positif dans chaque cellule de votre corps.*

*- La partie basse du corps, le **5e système**, tension douce du bas-ventre, centre vital de l'énergie ancestrale, présence des organes de reproduction, les jambes, inspirez le positif, tension corporelle de la zone, rétention de l'air, vous soufflez, La positivation continue sur les inspirations suivantes... À chaque expiration, vous envoyez le positif dans chaque cellule de votre corps.*

*- Vous allez maintenant stimuler **l'ensemble de votre corps** et au moment d'inspirer, vous allez faire vibrer tout votre corps, toutes les zones de votre corps. Vous soufflez, posture, inspiration du positif, rétention, tension de tout le corps... Expulsion relax... Inspirez tout le bonheur du monde, la joie de vivre, les plaisirs de la vie, les communications de la vie. Remplissez-vous de toutes ces choses qui vous rendent davantage heureux, et, vous faites diffuser ce positif dans*

toutes les cellules de votre corps, vous l'envoyez jusqu'au bout des doigts et des orteils dans une sensation d'harmonie vitale, de grand bien-être.

- Quelques instants de **pause** *phronique de Totalisation... Méditation sur les moments forts de la séance... Sentiment de bien-être profond, d'harmonie vitale, de bonheur intérieur...Vous accueillez toutes les informations agréables que vous envoie votre corps.*

- Et quand vous voudrez, à votre rythme, vous pourrez faire votre **désophronisation**, *en faisant d'abord deux ou trois respirations profondes, puis en remettant en mouvement, tout d'abord vos pieds, puis vos jambes, votre bassin, votre ventre, votre thorax, votre cou et, enfin votre visage. Quand vous voulez, vous pouvez vous étirer, bailler, et à votre rythme, ouvrir les yeux.*

Pratiquez cette séance, le matin avant de partir au travail ou de débuter la journée pour évacuer toutes les sensations négatives et vous remplir de positif, d'énergie.

Refaites cette séance aussi souvent que possible.

La force de la technique, c'est la répétition des vivances des séances.

PHÉNODESCRIPTION

Après chaque séance, vous pouvez remplir le tableau ci-dessous pour apprécier l'intensité des phénomènes. Notez-les de 0 à 5.

Augmentez la cotation selon l'intensité et la nouveauté des phénomènes perçus, de 0 jusqu'à 5. Aucun phénomène : 0, phénomène maximal : 5.

SPI	SÉANCES						
PHÉNOMÈNES	**1°**	**2°**	**3°**	**4°**	**5°**	**6°**	**7°**
Sophronisation de base Vivantielle							
Posture Isocay							
Sophro-Déplacement du Négatif abrégé							
Sophro-Activation Vitale							
Évocation d'un contenu positif							
SPI 1° système							
SPI 2° système							
SPI 3° système							
SPI 4° système							
SPI 5° système							
SPI corporalité							
Pause phronique de totalisation							
Désophronisation							
Total des points							

La RDC I : La Vivance du corps

La pratique de la RDC I favorise la découverte d'un espace de conscience qui permet la perception du corps. Elle permet également l'apprentissage des capacités de méditation et concentration. Sur le plan phénoménologique c'est le premier niveau de la Vivance première, elle active la Vivance phronique de la corporalité, cette Présence particulière du corps. Elle permet de vivre le corps dans une rencontre phénoménologique dans laquelle tout jugement est absent, afin de conquérir notre corporalité et de transformer notre schéma corporel, toujours évolutif.

Dans cet ouvrage synthétique, nous ne pouvons développer le protocole de cette Relaxation Dynamique qui doit être suivi avec un sophrologue Caycédien, le plus souvent en groupe. Nous donnons ici son tableau à titre informatif.

FIGURE 11
PROTOCOLE RDC I

RELAXATION DYNAMIQUE DE CAYCEDO 1er DEGRÉ
— RDC 1 —

VIVANCE PHRONIQUE DU CORPS PAR LES CINQ SYSTÈMES ISOCAY
PROTOCOLE

SBV - Debout
Techniques Clé

Conscience de la verticalité
IRT - Bras en vertical - ER- puis ils descendent lentement et touchent avec les mains les points d'Intégration Vivantielle des 5 Systèmes ISOCAY avec SDN.
P.Ph.I Posture 2e Degré - SSV - SRS sur toute la corporalité.

Vivance Phronique Concentrative sur le 1er Système ISOCAY

- **SBV - Debout**
- Mains posées sur le crâne puis sur le visage
  Concentration phronique
- Exercices Vivantiels Spécifiques
  - Déplacement de la tête
  - SSt Respiratoire
- **P.Ph.I Posture 2e degré** - Présence des organes vitaux du 1er Système ISOCAY dans la conscience - SSV - SRS

Vivance Phronique Concentrative sur le 2e Système ISOCAY

- **SBV - Debout**
- Mains posées sur le cou avec tension des extrémités supérieures
  Concentration phronique
- Exercices Vivantiels Spécifiques
  - Tension de la région antérieure du cou - Mouvement des épaules et des extrémités supérieures
- **P.Ph.I posture 2e degré** - Présence des organes vitaux du 2e Système ISOCAY dans la conscience - SSV - SRS

Vivance Phronique Concentrative sur le 3e Système ISOCAY

- **SBV - Debout**
- Avant-bras en arrière, mains posées sur la région sacrée puis sur le sternum
  Concentration phronique
- Exercices Vivantiels Spécifiques
  - Soufflet thoracique - Rotation spéciale des extrémités supérieures
- **P.Ph.I posture 2e degré** - Présence des organes vitaux du 3e Système ISOCAY dans la conscience - SSV - SRS

Vivance Phronique Concentrative sur le 4e Système ISOCAY

- **SBV - Debout**
- Main droite posée sur l'abdomen, main gauche sur la région lombaire
  Concentration phronique
- Exercices Vivantiels Spécifiques
  - Mains en griffe - Soufflet abdominal (en vertical, tête en arrière, puis en bas)
- **P.Ph.I posture 2e degré** - Présence des organes vitaux du 4e Système ISOCAY dans la conscience - SSV - SRS

Vivance Phronique Concentrative sur le 5e Système ISOCAY

- **SBV - Debout**
- Main droite sur le bas-ventre, main gauche sur la région sacrée
  Concentration phronique
- Exercices Vivantiels Spécifiques
  - Rotation axiale sur le bas-ventre - Marche Phronique virtuel (flexion des genoux et des pieds sans déplacement)
- **P.Ph.I posture 2e degré** - Présence des organes vitaux du 5e Système ISOCAY dans la conscience - SSV - SRS

Vivance Phronique Concentrative de TOTALISATION

- **SBV - Debout**
- Tension de la moitié droite du corps puis de la moitié gauche, puis de tout le corps
  Concentration phronique
- **P.Ph.T posture 2e degré** - Présence de tous les organes vitaux et de la corporalité dans la conscience - SSV - Concentration sur un Objet Neutre

DSBV - Phéno-Description verbale ou écrite - SAVC

LES TECHNIQUES CENTRÉES SUR L'AVENIR ET LA RDC II

La Sophro-Acceptation Progressive (SAP)

DÉFINITION ET INTÉRÊT

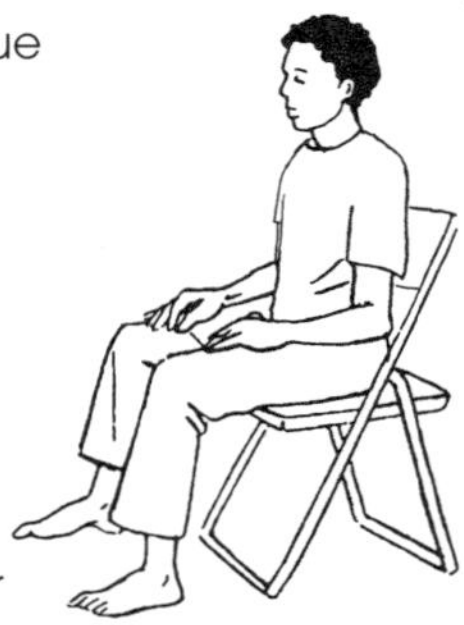

La sophrologie offre une nouvelle pratique utile pour différentes éventualités concernant votre avenir. Il peut s'agir de la définition d'objectifs, de réalisation de projets, de surmonter une situation redoutée ou plus généralement d'affronter le futur.

En niveau sophroliminal, vous avez la possibilité d'aller vous promener dans le temps, dans le passé quand vous revivez un souvenir agréable, mais aussi dans le futur quand vous vous placez lors de la réalisation d'un projet ou d'un objectif.

Il est possible de travailler sur différents objectifs. Quels sont mes projets dans ma vie professionnelle ou dans ma vie personnelle ? ***Ils peuvent être de motivation externe, de modes de vie, psychologiques ou de santé***.

Vous pouvez ainsi, pendant la séance, vivre ce projet comme vous entendez le mener. C'est la force du positif qui s'inscrira en vous avec l'entraînement, progressivement, et vous permettra d'aborder la situation, le jour J, avec confiance et énergie.

Il ne s'agit pas uniquement d'une visualisation positive. La vivance vous permet d'inscrire en vous, aux niveaux profonds de votre conscience, une force intérieure propice à la réussite. Pour cela vous devez vivre la situation avec tous vos sens, tout votre mental et surtout dans tout votre corps au niveau des différents systèmes. Vous pourrez ainsi envisager également les difficultés, les situations redoutées et chercher en conscience sophroliminale les stratégies vous permettant de les surmonter.

PROTOCOLE

- ***Les 3 techniques « clé » :***
  - Sophronisation de Base Vivantielle.
  - Posture Isocay.
  - Sophro-Déplacement du Négatif abrégé et Sophro-Activation Vitale abrégée.
- ***Sophro-Acceptation Progressive (SAP) :***
  - S'évoquer dans un avenir proche, de quelques semaines à six mois environ, en ayant réalisé l'objectif proposé, qui peut changer selon l'intention de la séance. Fixation.
  - Vivre son schéma corporel, vivre les nouvelles sensations qu'offre le corps, en accueillir toutes les sensations agréables, éventuellement entouré par vos amis ou êtres chers. Entrer dans les détails : vivre les vêtements portés, les couleurs, les odeurs...
  - Éventuellement, un grand écran et s'y vivre comme un acteur, à l'aise dans son corps, à l'aise dans sa gestuelle.
  - Fixation du vécu positif de la séance, retour ici et maintenant, dans la pièce, dans son corps actuel.
- ***Évocation des trois capacités***, confiance, harmonie et espoir.
- ***Désophronisation.***

TERPNOS LOGOS

Vous vous installez confortablement dans votre position assise de sophronisation. Vous pouvez fermer les yeux pour vous isoler du monde extérieur. Vous allez prendre conscience de la détente de votre corps, système par système. Concentrez vous sur votre front... Conscience de la forme de votre visage détendu, de toute votre tête sans tension. 1er système détendu. Concentrez-vous sur la région antérieure du cou... Conscience de la forme de votre cou, de votre nuque, de la partie extérieure des épaules, de la partie externe des bras sans tension, relâchés. 2e système relâché. Vous pouvez vous centrer maintenant sur votre sternum. Conscience de votre thorax, sans tension, conscience de la partie intérieure des bras sans tension, des mains. 3e système détendu. Concentrez-vous sur votre ombilic, conscience de la forme de votre 4e système, sans tension, région ombilicale sans tension. Vous allez maintenant vous centrer sur votre bas-ventre, et vivre toute cette zone, cette zone pelvienne, sans tension, relâchée, également les muscles fessiers, les muscles des membres inférieurs, sans tension. 5e système sans tension. Tout votre corps est détendu ; prenez conscience de la détente globale de votre corps, de son équilibre, de sa respiration, de la présence de votre corps dans votre conscience, sans tension.

Très tranquillement, vous allez maintenant vous mettre en ***posture ISOCAY****. Prenez tout votre temps pour bien prendre conscience de votre posture ; les mains sur les cuisses, les épaules un peu en avant, pour retrouver votre équilibre. Présence de votre corps dans cette posture ; vous sentez comment dans cette posture, vous pouvez vous sentir à la fois confortable, mais à la fois vous vous sentez actif, capable de vivre pleinement la séance...*

Quelques moments de ***Sophro-Déplacement du négatif abrégé****. Concentrez-vous sur votre 1e système. Si vous le voulez, vous faites une très légère sophro-stimulation corporelle, vous évacuez le négatif de votre 1er système ; Sophro-Déplacement du négatif sur le 2e système ; puis sur tout le thorax, le diaphragme, cœur, poumons le 3e système, et vous vous centrez sur le 4e système maintenant, l'ombilic, l'intestin, l'appareil digestif, éventuellement, si vous le souhaitez, pour vous aider, une petite stimulation corporelle, et évacuation du négatif du 4e système ; présence maintenant du 5e système, ovaires, utérus pour les femmes, prostate pour l'homme, ainsi que les jambes ; Sophro-Déplacement du négatif sur votre 5e système. Vous vivez maintenant la présence de tout votre corps dans la conscience.*

Avant de vous projeter dans une situation future, vous allez activer chacun de vos organes vitaux. Nous allons donc pratiquer une ***Sophro-Activation Vitale rapide****. Quelques moments* ***d'activation vitale des organes****. Douce augmentation de chaleur, augmentation du diamètre des vaisseaux qui viennent nourrir les organes vitaux, au niveau du 1° système, le cerveau. Au niveau du 2°, la thyroïde. Du 3°système, le cœur, les poumons, du 4° système, douce activation des organes digestifs, l'estomac, le foie, la vésicule biliaire, le pancréas, les intestins, enfin du 5° système, les organes génitaux.*

Vous allez maintenant essayer de vivre la ***Sophro-Acceptation Progressive*** *avec tout votre corps, tous vos organes.*

*Pour cela, vous allez choisir une **situation**, soit dans un proche avenir, une à deux semaines, soit un à deux mois, une situation qui vous implique, qui vous tient à cœur, soit une situation qui vous réjouit, qui vous fait très plaisir, un événement familial, un voyage, la réalisation d'un projet, soit une épreuve, une situation qui peut exiger de vous un effort. Vous choisissez votre situation ; Vous vous situez immédiatement apres cette situation qui vient de se dérouler favorablement. Vous la fixez et vous allez la vivre dans une réalisation positive ; une Vivance positive anticipée, avec la présence de votre corps... et vous sentez votre corps ; quelles sont les sensations qui peuvent venir dans vos différents systèmes, dans les différentes parties de votre corps après la réalisation favorable de cet événement ; vous laissez venir tous les possibles. Vous pouvez être à l'aise, serein, vidé, courbaturé, ou d'autres signes.*

Laissez bien venir tous les phénomènes de votre corps dans cette situation. Si certains phénomènes sont un peu difficiles, si vous rencontrez dans cette situation des moments un peu délicats, vous respirez tranquillement, vous vous faites un sophro-déplacement du négatif sur l'expiration, et puis vous trouvez à l'intérieur de vous-même la stratégie qui vous permet de dominer ce phénomène, tant avec votre corps que vous sentez présent, fort, solide, qu'avec votre esprit...

Vous prenez tout votre temps pour laisser venir tous les phénomènes Plus précisément au niveau de votre 1e système... Du 2e système... Du 3e système... Du 4e système... De votre 5e système... Enfin vous vivez avec toute votre corporalité, mais aussi avec votre esprit, avec les sentiments de bonheur, de joie, des petites et grandes choses. Vous vivez cette situation... Vous pouvez même essayer de rentrer davantage à l'intérieur de la situation maintenant, puisque vous revivez cette situation dans les détails, vous sentez peut-être une force, un calme, une énergie qui vient de votre corps. Vous êtes comme un acteur, qui est maître de ses potentiels, de ses projets, et de son corps qui en est le support. Votre corps peut même être vécu comme un corps lumineux, un corps énergie, irradiant.

Vous prenez tout votre temps pour votre vivance...

*Quand vous le souhaiterez, vous pratiquerez votre **désophronisation** par système, après avoir évoqué vos trois capacités de confiance, d'harmonie et d'espoir qui doivent être, particulièrement présentes, après cette séance.*

Pratiquez cette séance, au minimum, une fois par jour lorsque vous souhaitez réaliser un projet ou faire face à une situation difficile

Refaites cette séance aussi souvent que possible.

La force de la technique, c'est la répétition des vivances des séances.

PHÉNODESCRIPTION

Après chaque séance, vous pouvez remplir le tableau ci-dessous pour apprécier l'intensité des phénomènes. Notez-les de 0 à 5.

Augmentez la cotation selon l'intensité et la nouveauté des phénomènes perçus, de 0 jusqu'à 5. Aucun phénomène : 0, phénomène maximal : 5. Vous n'êtes pas obligé de remplir toutes les cases.

SAP	**SÉANCES**						
PHÉNOMÈNES	**1°**	**2°**	**3°**	**4°**	**5°**	**6°**	**7°**
Sophronisation de base Vivantielle (SBV)							
Posture Isocay							
SDN abrégé							
SAV abrégée des ≠ systèmes							
SAP Choix de la situation							
Vivance positive anticipée							
Vivance du 1er système							
Vivance du 2e système							

SAP SUITE	SÉANCES						
PHÉNOMÈNES	**1°**	**2°**	**3°**	**4°**	**5°**	**6°**	**7°**
Vivance du 3e système							
Vivance du 4e système							
Vivance du 5e système							
Vivance de toute la corporalité							
Situation dans les détails							
Geste-signal							
Vous trouvez la stratégie							
Trois capacités							
Désophronisation par système							
Total des points							

La Sophro-Programmation Future (SPF)

DÉFINITION ET INTÉRÊT

Dans la seconde technique de Futurisation, vous allez, délibérément, vous situer longtemps après un événement et raconter à quelqu'un de cher ou à des amis, comment vous avez fait pour réussir.

Vous programmerez une réussite future, imaginée comme déjà acquise et remémorée dans les détails de difficultés et d'obstacles surmontés.

Cette technique permet d'affiner ses stratégies, de prendre une certaine distance face aux situations, aux réalisations, aux projets.

Vivre cette technique, c'est non seulement avoir acquis la certitude physique et psychique de pouvoir se stabiliser et rester au niveau du progrès accompli, mais aussi se retrouver face à ses anciens doutes, ici concrétisés sous la forme de l'ami en proie à ses questionnements, en étant sûr d'avoir une réponse adaptée à lui proposer. L'ancienne partie de soi qui avait peut-être peur, et qui pouvait potentiellement tout détruire est, dès lors, projetée sur l'ami ; elle n'a plus place dans ce nouveau contexte. Le doute est vécu lors de la séance comme étant extérieur à l'individu.

Cette séance n'est à pratiquer que lorsque la technique vue précédemment de Sophro-Acceptation Progressive est bien acquise.

Les indications de cette technique sont très nombreuses : la préparation aux compétitions pour les sportifs, la préparation aux voyages, les problèmes sexuels, etc.

PROTOCOLE

- ***Les 3 techniques « clé » :***
  - Sophronisation de Base Vivantielle.
  - Posture Isocay.
  - Sophro-Déplacement du Négatif abrégé et Sophro-Activation Vitale abrégée.
- ***Sophro-Programmation Future :***
  - Rencontre d'un ami que l'on n'a pas vu depuis au moins six mois et qui s'étonne de cette « réussite ». On s'amuse de cet étonnement et on lui explique...
  - Argumentation de l'ami, ses doutes, ses questionnements : « Mais comment fais-tu ? » Rien de plus simple...
  - Potentialisation des trois capacités de confiance, d'harmonie et d'espoir dans un avenir qui peut maintenant se construire sur des bases solides.
- ***Pause phronique de Totalisation :*** Retour ici et maintenant, sensation de confiance activée par la SPF.
- ***Désophronisation par système.***

TERPNOS LOGOS

1) Vous vous installez confortablement dans votre position assise de sophronisation. Vous pouvez fermer les yeux pour vous isoler du monde extérieur. Vous allez prendre conscience de la détente de votre corps, système par système. Concentrez-vous sur votre front... Conscience de la forme de votre visage détendu, de toute votre tête sans tension. 1er système détendu. Concentrez-vous sur la région antérieure du cou... Conscience de la forme de votre cou, de votre nuque, de la partie extérieure des épaules, de la partie externe des bras sans tension, relâchés. 2e système relâché. Vous pouvez vous centrer maintenant sur votre sternum. Conscience de votre thorax, sans tension, conscience de la partie intérieure des bras sans tension, des mains. 3e système détendu. Concentrez-vous sur votre ombilic, conscience de la forme de votre 4e système, sans tension, région ombilicale sans tension. Vous allez maintenant vous centrer sur votre bas-ventre, et vivre toute cette zone, cette zone pelvienne, sans tension, relâchée, également les muscles fessiers, les muscles des membres inférieurs, sans tension. 5e système sans tension.

Tout votre corps est détendu ; prenez conscience de la détente globale de votre corps, de son équilibre, de sa respiration, de la présence de votre corps dans votre conscience, sans tension.

2) À chaque expiration, vous descendez un petit plus au bord du sommeil, juste au bord du sommeil. Pour approfondir encore votre détente, je vous propose une ***Sophro-Stimulation corporelle****, quand vous le voulez vous soufflez, à l'inspiration, mains doigts entrecroisés derrière la nuque, tension de tout le corps depuis les pieds jusqu'à la tête ; conscience des tensions éventuelles qu'il peut y avoir, quand vous le voulez vous soufflez ; relax.*

3) Vous allez faire aussi un ***Sophro-Déplacement du négatif,*** *façon abrégée, système par système. Quand vous le voulez, au niveau du 1er système, à l'inspiration, tension du 1er système, expulsion. Même chose au niveau du 2e système, à l'inspiration, tension de tout le 2e système, expulsion, relax. Au niveau du 3e système, inspiration, perception des tensions au niveau du 3e système jusqu'à la face interne des mains, relâche. Au niveau du 4e système, inspiration, tension du 4e système, expulsion, relâche. Au niveau du 5e système, inspiration, tension du bassin, des pieds jusqu'au bout des orteils tout en gardant le reste du corps parfaitement déten-*

du, expulsion, relâche. Au niveau de l'ensemble du corps ; tension de toute la corporalité depuis les pieds jusqu'à la tête ; tous les muscles depuis les pieds jusqu'à la tête, expulsion, relâche.

4) Prenez bien la ***posture ISOCAY****, le dos bien droit, les jambes à 90°, les pieds bien ancrés au sol, les mains sur les cuisses pour bien prendre conscience de votre corporalité.*

5) Avant de vous projeter dans une situation future, vous allez activer chacun de vos organes vitaux. Nous allons donc pratiquer une ***Sophro-Activation Vitale rapide****. Quelques moments* ***d'activation vitale des organes****. Douce augmentation de chaleur, augmentation du diamètre des vaisseaux qui viennent nourrir les organes vitaux, au niveau du 1er système, le cerveau. Au niveau du 2e système, la thyroïde. Du 3e système, le cœur, les poumons, du 4e système, activation douce des organes digestifs, l'estomac, le foie, la vésicule biliaire, le pancréas, les intestins, enfin du 5e système, les organes génitaux.*

6) Vous allez maintenant essayer de vivre la ***Sophro-Programmation Future*** *avec tout votre corps, tous vos organes. Et c'est avec la force d'activation de tous ces organes vitaux que vous allez accueillir une situation ; je vous invite à accueillir une situation un bon bout de temps après l'avoir surmonté, il y a maintenant plusieurs mois voire années et, plus que jamais, vous pouvez profiter de l'épanouissement que cette réussite a entraîné chez vous et je vous invite à vivre tout le bien-être de ce vécu et vous êtes très sensible à toutes les sensations corporelles que vous envoie votre corps, tous ces organes vitaux que vous avez activés et qui vous ont aidé à réaliser votre projet. Vous sentez cette force en vous qui vous a permis d'avancer, de progresser et qui maintenant émane de vous. Vous pouvez ouvrir votre regard sur le lieu où vous êtes, et sur les êtres qui vous entourent, et peut-être sentez-vous déjà la force qui émane de vous, cet état de sérénité qu'elle vous a conféré, qui vous a peut-être permis d'organiser cette journée... Avec tous ces gens chers autour de vous... qui s'étonnent de cette transformation qui s'est opérée en vous depuis quelque temps... et vous remercient de leur sourire peut-être. Vous vivez tout le bonheur, toute cette force d'avoir réalisé votre projet et vous êtes en train de discuter avec les gens autour de vous, en train de leur expliquer votre propre cheminement, face à tous ces gens qui s'étonnent... mais comment as-tu fait ?... qu'est-ce qui nous vaut ce beau* *sourire ? cette tranquillité qui émane de toi maintenant ?... Et vous êtes en train de leur raconter votre propre expérience, peut-être la rencontre de la sophrologie, peut-être votre entraînement, peut-être ce livre, peut-être le parcours que vous avez été amené à faire, et vous vous étonnez maintenant de l'aisance avec laquelle vous parlez, avec laquelle vous décrivez votre parcours ; et c'est avec plaisir que vous accueillez les réflexions des autres, leurs doutes, leurs questionnements qui vous sont aujourd'hui étrangers... vous vous sentez fort de votre expérience, fort de vos certitudes acquises... et à chaque inspiration, vous vous emplissez de tout ce bonheur, vous vous emplissez de cet état de bien-être, Et à chaque expiration toute douce, vous laissez glisser toutes ces sensations corporelles à l'intimité même de vos cellules, à chaque inspiration, vous vous emplissez de la lumière ambiante, de votre propre force... à chaque expiration très douce, vous venez diffuser toutes ces certitudes au plus profond de vos cellules, ce qui active encore la capacité de vos organes. Plus précisément au niveau de votre 1er système... Du 2e système... Du 3e système... Du 4e système... De votre 5e système... Enfin vous vivez avec toute votre corporalité. Et à chaque inspiration, vous renforcez ce sentiment de confiance qui est né en vous il y a quelque temps et qui s'est renforcé au fur et à mesure des entraînements ; confiance en vos propres potentiels... Face à l'acquisition de votre meilleure connaissance de vous-même, connaissance de vos possibilités réelles et de vos expériences... Vous en profitez pour renforcer votre capacité d'harmonie, harmonie envers ce corps qui vous a aidé à vaincre les obstacles, et envers votre esprit qui a lutté pour arriver au bout de son objectif ; ce temps c'est bien la réunion de votre corps et de votre esprit, et de l'harmonie entre les deux ; et vous pouvez renforcer votre capacité d'espoir pour ce nouveau millénaire qui s'ouvre à vous...*

Et puis quand vous le désirez, à votre rythme propre, en prenant tout le temps nécessaire pour cela, vous laissez partir cette situation, pour revenir ici et maintenant, mais pas dans le même état antérieur, avec beaucoup plus de force, de conviction, toute l'expérience de votre futur est maintenant en vous, la certitude de la réussite habite maintenant chacune de vos cellules à l'intimité même de ses noyaux.

7) Et c'est fort de cette expérience que vous allez pouvoir pratiquer votre ***désophronisation*** *comme vous en avez pris l'habitude maintenant, système par système.*

Pratiquez cette séance, au minimum, une fois par jour lorsque vous souhaitez réaliser un projet ou faire face à une situation difficile.

Refaites cette séance aussi souvent que possible. La force de la technique, c'est la répétition des vivances des séances.

PHÉNODESCRIPTION

Après chaque séance, vous pouvez remplir le tableau ci-dessous pour apprécier l'intensité des phénomènes. Notez-les de 0 à 5.

Augmentez la cotation selon l'intensité et la nouveauté des phénomènes perçus, de 0 jusqu'à 5. Aucun phénomène : 0, phénomène maximal : 5 Vous n'êtes pas obligé de remplir toutes les cases.

SPF	**SÉANCES**						
PHÉNOMÈNES	**1°**	**2°**	**3°**	**4°**	**5°**	**6°**	**7°**
Sophronisation de base Vivantielle (SBV)							
Posture Isocay							
SDN abrégé							
SAV des différents systèmes							
SAV tout le corps							
SPF Choix de la situation							
Vivance positive anticipée							

SPF SUITE	SÉANCES						
PHÉNOMÈNES	**1°**	**2°**	**3°**	**4°**	**5°**	**6°**	**7°**
Le lieu et les amis							
Explication du cheminement							
Situation dans les détails							
Description de la stratégie							
Vivance des 5 systèmes							
Vivance de toute la corporalité							
Trois capacités							
Désophronisation par système							

La RDC II : La Vivance de l'esprit

Elle permet la Vivance de notre esprit grâce à des exercices spécifiques dans lesquels se vivent les phénomènes nés de l'esprit. Il est souvent un peu délicat pour le néophyte d'appréhender ce que signifie la Vivance de l'esprit. La première Vivance, dite « Vivance première » celle de la RDC I est la Vivance du corps, la conscience, notre conscience y constate les phénomènes qui apparaissent dans notre corps, qui s'éprouvent immédiatement. La deuxième Vivance est celle de l'esprit, de la même manière nous allons éprouver les phénomènes qui naissent de notre esprit. Il s'agit de ne pas laisser s'échapper tout ce qui apparaît en nous, tout ce qui se vit et ainsi enrichir notre conscience des phénomènes les plus intimes de notre être, sensations, sentiments, émotions.

C'est à une véritable capacité de contempler notre schéma corporel (lire cette notion en 2e partie, le schéma corporel est composé de l'ensemble de nos instances psychiques et physiques) que nous accédons. Il s'agit de se vivre du dehors : la place dans laquelle nous nous représentons nous-mêmes à l'intérieur du monde de notre représentation ; il s'agit quelque part du regard que nous posons sur nous-mêmes. Pour cela, on opère un retournement du rapport sujet-objet. Nous découvrons la difficulté de se vivre soi-même. Nous allons contempler le corps comme si nous étions en dehors. Il ne s'agit pas d'une sortie hors du corps. La possibilité de se regarder du dehors est liée au fait que la Conscience est illimitée alors que le corps est limité, physique. Notre Conscience peut donc "s'extérioriser", s'étirer en quelque sorte, elle peut relativiser l'espace, mais en aucun cas en Sophrologie nous ne prétendons qu'elle peut sortir du corps. La Vivance du corps et de l'esprit dans la conscience suppose une intime fusion des deux composantes.

La Futurisation c'est la capacité pour notre conscience de vivre le futur, une projection vers nos lendemains. L'initiation aux paramètres de Futurisation est déjà une première avancée dans notre capacité de réaliser des projets et de se projeter dans notre existence. Dans cette RDC II nous projetons notre vie dans le futur, et, cela permet, à la fois de vivre les petites choses de l'existence tellles que nous voudrions les accomplir et d'élaborer avec notre esprit des projets pour l'avenir, de donner consistance à nos buts. L'espace intérieur de la Conscience commence à s'agrandir grâce à la méthode de Futurisation ; on va élargir l'espace intérieur de la Conscience vers la dimension du futur dont la Conscience va devenir plus forte, notamment à partir de l'imagination. C'est le moi qui commence à se grandir avec la force de ses espoirs, de son projet-de-monde

Un travail important sur notre sensorialité est effectué. Nous ouvrons nos sens à la perception du monde en nous, nous les développons avec l'entraînement sur les cinq sens qui permet plus d'appréhension de nous-mêmes et de l'univers qui nous entoure.

Dans cet ouvrage synthétique, nous ne pouvons développer le protocole de cette Relaxation Dynamique qui doit être suivi avec un sophrologue Caycédien, le plus souvent en groupe. Nous donnons ici son tableau à titre informatif.

FIGURE 12

PROTOCOLE RDC II

RELAXATION DYNAMIQUE DE CAYCEDO 2e DEGRÉ

— RDC 2 —

VIVANCE PHRONIQUE DE L'ESPRIT PAR LES CINQ SYSTEMES ISOCAY

PROTOCOLE

SBV - Debout Techniques Clé
- Conscience de la verticalité
- IRT - Bras en vertical - ER- puis ils descendent lentement et touchent avec les mains les points d'Intégration Vivantielle des 5 Systèmes ISOCAY avec SDN.
- **P.Ph.I Posture 2e Degré** - SSV - SRS sur toute la corporalité.

SUJET-OBJET en posture 2 Degré
- Concentration sur le SUJET (Gravitation terrestre)
- Concentration sur l'OBJET de la méditation du 1e degré
- Changement de l'OBJET pour le SUJET - Conscience contemplative

Vivance Phronique Contemplative sur le 1er Système ISOCAY
- **POSTURE ISOCAY**
- **Contemplation du 1e Système ISOCAY** (crâne et visage)
- La Forme - La Mesure
- **TOUCHER - ODORAT, GOÛT - OUÏE - VUE** (postures spéciales)
- **P.Ph.I Posture 2e degré** - Futurisation Sophronique Libre (FSL)

Vivance Phronique Contemplative sur le 2e Système ISOCAY
- **POSTURE ISOCAY**
- **Contemplation du 2e Système ISOCAY** (cou et partie externe des extrémités supérieures)
- La Forme - La Mesure // La Gravitation - Le Mouvement
  - Déplacement de la tête vers l'arrière, IRT - ER (3 fois)
  - Déplacement de la tête vers l'avant, IRT - ER (3 fois)
- **P.Ph.I Posture 2e degré** - Futurisation Sophronique Libre (FSL)

Vivance Phronique Contemplative sur le 3e Système ISOCAY
- **POSTURE ISOCAY**
- **Contemplation du 3e Système ISOCAY** (thorax et partie interne des extrémités supérieures)
- La Forme - La Mesure // La Gravitation - Le Mouvement
  - Bras droit en avant, IRT avec tension de la partie droite du thorax - ER (3 fois)
  - Bras gauche en avant, IRT avec tension de la partie gauche du thorax - ER (3 f.)
  - Deux bras en avant, IRT avec tension de tout le thorax - ER (3 fois)
- **P.Ph.I Posture 2e degré** - Futurisation Sophronique Libre (FSL)

Vivance Phronique Contemplative sur le 4e Système ISOCAY
- **POSTURE ISOCAY**
- **Contemplation du 4e Système ISOCAY** abdomen
- La Forme - La Mesure // Le Mouvement
  - Mouvements abdominaux et respiration rapides, lents et rapides de nouveau
- **P.Ph.I Posture 2e degré** - Futurisation Sophronique Libre (FSL)

Vivance Phronique Contemplative sur le 5e Système ISOCAY
- **POSTURE ISOCAY**
- **Contemplation du 5e Système ISOCAY** (bas-ventre et extrémités inférieures)
- La Forme - La Mesure // La Gravitation - Le Mouvement
  - Jambe droite en avant, IRT avec tension de la partie droite du bas-ventre - ER (3 f)
  - Jambe gauche en avant, IRT avec tension de la partie gauche du bas-ventre- EF (3f)
  - Deux jambes en avant, IRT avec tension de tout le bas-ventre - ER (3 fois)
- **P.Ph.I Posture 2e degré** - Futurisation Sophronique Libre (FSL)

Vivance Phronique Contemplative de TOTALISATION
- **POSTURE ISOCAY**
- **Contemplation de toute la corporalité**
- La Forme - La Mesure // La Gravitation - Le Mouvement
  - IRT - Tension de tout le corps vers l'arrière (mains sur la nuque) ER (3 fois)
- **P.Ph.Totalisation Posture 2e degré** - SPI - Sophro-Respiration Synchronique avec la formulation d'un souhait de paix pour soi-même, pour les êtres chers, pour tous les êtres.

DSBV - Phéno-Description verbale ou écrite - SAVC

LES TECHNIQUES CENTRÉES SUR LE PASSÉ ET LA RDC III

La Sophro-Mnésie Senso-Perceptive (SMnSP)

DÉFINITION ET INTÉRÊT

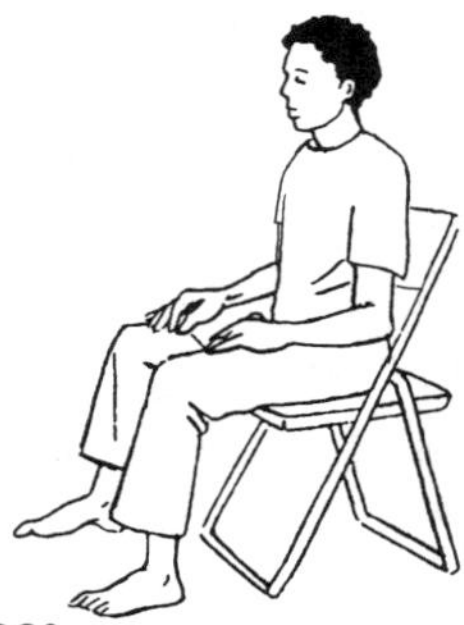

Nous abordons une nouvelle technique de base, la Sophro-Mnésie Senso-Perceptive, fondée sur notre passé positif, nos souvenirs positifs. Elle consiste à se réapproprier son passé comme nous avons envie de le vivre aujourd'hui.

Tout être a, dans son passé, des moments positifs même si, à cause de ses difficultés ou de ses traumatismes, il les a occultés. Faire revenir ces instants, en remettant en mémoire les souvenirs positifs, montrera qu'il n'a pas eu que du négatif dans sa vie, mais qu'il peut se remémorer des moments de bonheur, ce qui lui redonnera prise sur sa capacité de confiance.

Il s'agit de vivre l'événement passé positif évoqué et fixé à travers les 5 sens c'est-à-dire la vision, l'odorat, le goût, l'ouïe et le toucher. On fera également participer la somesthésie (c'est-à-dire sensations cutanées, kinesthésiques, vestibulaires[1] et intéroceptives[2]).

La force de la mobilisation des sensations par la Sophrologie est utilisée pour activer le cerveau qui permet de vivre dans son corps (moi corporel) des situations agréables de son enfance que l'esprit (moi présentiel) se remémore à différents niveaux :

- *Intellectuel*, re-perception des formes, des couleurs, de l'environnement...
- *Physique*, sensations, température, mouvements...

[1] *Sens de l'équilibre*

[2] *Intérieur du corps*

- *Affectif*, sentiments et émotions agréables, plaisir, joie, amour...

La technique est simple, rapide et profonde.

PROTOCOLE

- ***Les 3 techniques « clé » :***
  - Sophronisation de Base Vivantielle.
  - Posture Isocay.
  - Sophro-Déplacement du Négatif abrégé et Sophro-Activation Vitale abrégée.
- ***Sophro-Mnésie Senso-Perceptive*** :
  - ***Évocation*** de souvenirs positifs de la vie passée, les plus anciens si possible.
  - ***Amplification***. Dès que le souvenir se présente nettement à l'esprit, lever le bras pour le fixer et le baisser tout doucement pour l'amplifier de manière à ce que ce souvenir soit maintenant très précis avec tous ses détails.
  - ***Tout se remémorer*** : lieux, environnement, saison, temps, odeurs, parfums, goûts, sensations tactiles, température, mouvements... ; également la présence des êtres chers à ce moment-là.
  - ***Renforcer*** avec la respiration (SPI) ces sensations, sentiments et émotions agréables : affection, plaisir, joie, amour, tendresse, sympathie, amitié que nous ont prodigués nos êtres chers à cette époque, également le plaisir de certains objets.
  - ***Vivance au Niveau senso-perceptif*** : utiliser la mobilisation des sensations et des perceptions.
  - ***Potentialiser*** en revivant intensément, pleinement en pensée ces moments.
  - Retour ici et maintenant.
- ***Pause Phronique de Totalisation***.
- ***Activation des trois capacités. Désophronisation.***

TERPNOS LOGOS

Vous vous installez confortablement dans votre position assise de sophronisation. Vous pouvez fermer les yeux pour vous isoler du monde extérieur. Vous allez prendre conscience de la détente de votre corps, système par système.

Concentrez-vous sur votre front... Conscience de la forme de votre visage détendu, de toute votre tête sans tension... 1° système détendu.

Concentrez-vous sur la région antérieure du cou... Conscience de la forme de votre cou, de votre nuque, de la partie extérieure des épaules, de la partie externe des bras sans tension, relâchés. 2° système relâché.

Vous pouvez vous centrer maintenant sur votre sternum. Conscience de votre thorax, sans tension, conscience de la partie intérieure des bras sans tension, des mains. 3e système détendu.

Concentrez-vous sur votre ombilic, conscience de la forme de votre 4e système, sans tension, région ombilicale sans tension.

Vous allez maintenant vous centrer sur votre bas-ventre, et vivre toute cette zone, cette zone pelvienne, sans tension, relâchée, également les muscles fessiers, les muscles des membres inférieurs, sans tension. 5e système sans tension.

Tout votre corps est détendu ; prenez conscience de la détente globale de votre corps, de son équilibre, de sa respiration, de la présence de votre corps dans votre conscience, sans tension.

Très tranquillement, vous allez maintenant vous mettre en ***posture ISOCAY.*** *Prenez tout votre temps pour bien prendre conscience de votre posture ; les mains sur les cuisses, les épaules un peu en avant, pour retrouver votre équilibre. Présence de votre corps dans cette posture ; vous sentez comment dans cette posture, vous pouvez vous sentir à la fois confortable, mais à la fois vous vous sentez actif, capable de vivre pleinement la séance....*

Quelques moments de ***Sophro-Déplacement du négatif abrégé****. Concentrez-vous sur votre 1e système. Si vous le voulez, vous faites une très légère sophro-stimulation corporelle, vous évacuez le négatif de votre 1er système ; Sophro-Déplacement du négatif sur le 2e système ; puis sur tout le* *thorax, le diaphragme, cœur, poumons le 3e système, et vous vous centrez sur le 4e système maintenant, l'ombilic, l'intestin, l'appareil digestif, éventuellement, si vous le souhaitez pour vous aider, une petite stimulation corporelle, et évacuation du négatif du 4e système ; présence maintenant du 5e système, ovaires, utérus pour les femmes, prostate pour l'homme, ainsi que les jambes ; Sophro-Déplacement du négatif sur votre 5e système. Vous vivez maintenant la présence de tout votre corps dans la conscience.*

Avant de vous projeter dans une situation future, vous allez ***activer*** *chacun de* ***vos organes vitaux****. Nous allons donc pratiquer une Sophro-Activation Vitale rapide. Quelques moments* ***d'activation vitale des organes****. Douce augmentation de chaleur, augmentation du diamètre des vaisseaux qui viennent nourrir les organes vitaux, au niveau du 1e système, le cerveau. Au niveau du 2°, la thyroïde. Du 3°système, le cœur, les poumons, du 4° système, douce activation des organes digestifs, l'estomac, le foie, la vésicule biliaire, le pancréas, les intestins, enfin du 5° système, les organes génitaux.*

Je vous propose de trouver un ***souvenir positif****, n'importe lequel, mais vous essayez de plonger dans un des premiers souvenirs de votre vie. Vous allez le plus loin possible dans le passé de votre mémoire, à l'époque ou votre mémoire d'enfant émergeait, je vous rappelle que vous cherchez un souvenir positif. Vous étiez capable d'apprendre très, très vite.*

Vous ***fixez*** *ce souvenir positif et pour* ***renforcer*** *ce souvenir dans votre conscience, vous allez lever le bras, vous inspirez et vous levez le bras, et tout doucement quand votre bras redescend, vous* ***amplifiez*** *ce souvenir, votre conscience amplifie ce souvenir, votre conscience est pleine de ce souvenir agréable, amplification. Votre souvenir est beaucoup plus précis, très précis, avec force détails. Les lieux sont là, les formes, les couleurs, les odeurs les bruits, vous êtes là et peut-être d'autres personnes avec vous.*

Au rythme de la respiration, les sensations reviennent, vous renforcez celles qui sont positives, sensations corporelles, visuelles, olfactives, gustatives, auditives, tactiles voire des frissons de contentement. Et vous renforcez positivement votre conscience avec ces sensations.... Sensations intellectuelles, les formes, les couleurs, l'environnement. Sensations physiques, sensations de température, de mouvement. Affectives, les plaisirs, la joie, l'amour.

Vous remplissez votre conscience en vivant intensément ces moments au travers des sensations éprouvées, ***potentialisez*** *ainsi. Vivance au niveau du 1e système. Vivance au niveau du 2e système Vivance au niveau du 3e système Vivance au niveau du 4e système Vivance au niveau du 5e système Vivance au niveau tout le corps...*

- Vous allez garder ce souvenir précieusement dans un coin de votre conscience, prêt à être utilisé éventuellement si vous en avez besoin.

- ***Pause phronique de Totalisation****. Tout doucement vous vivez ici et maintenant votre corporalité, vos sensations immédiates, là maintenant, telles qu'elles viennent, à l'issue de cette séance, comme vous les sentez à ce jour sans chercher à les interpréter. Vous vivez votre corps, le présent, en y associant le passé positif. Vous prenez tout votre temps pour vivre cette corporalité ancienne et présente, ici et maintenant.*

- Quand vous en aurez envie ensuite, vous ferez votre désophronisation selon votre habitude.

Pratiquez cette séance pour revivre votre passé positif et renforcer votre confiance en vous.

Refaites cette séance aussi souvent que possible.

La force de la technique, c'est la répétition des vivances des séances.

PHÉNODESCRIPTION

Dès que vous venez de réouvrir les yeux, **prenez un crayon**, et profitez de la persistance du niveau sophroliminal qui suit la séance pour laisser votre crayon **dessiner ce souvenir**. Le dessin se fait sans a priori. Renouvelez l'expérience.

Au décours de cette séance, vous avez peut-être revécu un souvenir particulièrement agréable. Notez-le. Au fur et à mesure des entraînements, de nombreux souvenirs agréables vont ainsi émerger dans votre conscience, comme autant de possibilités de vous revoir heureux dans le passé.

N'hésitez pas à faire **un cahier de souvenirs des trois âges**.

Pour cela vous divisez votre vie en trois parties sensiblement égales, vous faites trois colonnes sur le cahier et vous notez, après chaque séance, les souvenirs agréables qui sont venus à chacun des trois âges. Vous serez surpris de la richesse d'évocation des souvenirs inscrits sur ce cahier, et ce, très rapidement.

La RDC III : La Vivance de la Rencontre

Elle initie à la Vivance de la **rencontre de notre corps et de notre esprit** dans la conscience. L'unité corps-esprit n'est plus à démontrer, une étroite interaction régit nos deux composantes. La Vivance permet d'affiner la présence du corps dans notre conscience, elle permet de vivre pleinement la « corporalité », c'est-à-dire en terme phénoménologique, la Vivance du corps « projeté à l'existence ». cette découverte de la projection dans l'existence constitue l'une des richesses de la RDC III. Le terme de corporalité se substitue au terme de schéma corporel, signifiant que notre corps se vit maintenant au niveau de notre existence. De même notre esprit va opérer une projection existentielle, ne plus le vivre selon nos vieux a priori mais s'ouvrir aux phénomènes de notre psyché. Nous ne pouvons exister sans une véritable symbiose entre le corps et l'esprit, ce que nous nommons la rencontre.

La Vivance de la **Prétérisation**, c'est la capacité pour notre conscience de vivre le passé. La rencontre peut ainsi être totale et nous mener à l'unité de notre être. Il s'agit dans la prétérisation d'une projection vers nos hier, non pas négatifs, mais nous revivons ici et maintenant notre passé comme nous avons envie de le vivre avec la valeur positive des expériences qui, à une certaine époque, ont pu nous paraître lourdes, mais qui aujourd'hui nous enrichissent dans notre vie. L'initiation aux paramètres de Prétérisation nous permet d'envisager l'unité et la permanence de notre être dans notre projet de monde, elle nous enrichit du passé positif de notre existence nous redonnant des racines.

Une nouvelle **posture du 3e degré** nous dirige sur notre centre de gravité, sur cette unité de la rencontre, s'y vit l'ouverture des yeux, le premier nouveau regard de l'être qui existe.

FIGURE 13
PROTOCOLE RDC III

RELAXATION DYNAMIQUE DE CAYCEDO 3e DEGRÉ
— RDC 3 —

VIVANCE PHRONIQUE DE LA RENCONTRE CORPS-ESPRIT DANS LES CINQ SYSTÈMES ISOCAY
PROTOCOLE

SBV - Debout Techniques Clé

Conscience de la verticalité
IRT - Bras en vertical - ER- puis ils descendent lentement et touchent avec les mains les points d'Intégration Vivantielle des 5 Systèmes ISOCAY avec SDN.
P.Ph.I Posture 2e Degré - SSV - SRS sur toute la corporalité.

Vivance Phronique de la Rencontre corps-esprit dans le <u>1er Système ISOCAY</u>

- **Posture 3e degré** - IRT - ER
  Vivance Phronique de La Forme - La Température - L'Intégration Vitale du 1er Système ISOCAY avec Sophro-Respiration Synchronique (SRS)
- **P.Ph.I Posture 2e degré** - Présence du 5e Système ISOCAY dans la conscience - Prétérisation Sophronique Libre (PSL)

Vivance Phronique de la Rencontre corps-esprit dans le <u>2e Système ISOCAY</u>

- **Posture 3e degré** - IRT - ER
  Vivance Phronique de La Forme - La Température - L'Intégration Vitale du 2e Système ISOCAY avec Sophro-Respiration Synchronique (SRS)
- **P.Ph.I Posture 2e degré** - Présence du 4e Système ISOCAY dans la conscience - Prétérisation Sophronique Libre (PSL)

Vivance Phronique de la Rencontre corps-esprit dans le <u>3e Système ISOCAY</u>

- **Posture 3e degré** - IRT - ER
  Vivance Phronique de La Forme - La Température - L'Intégration Vitale du 3e Système ISOCAY avec Sophro-Respiration Synchronique (SRS)
- P.Ph.I Posture 2e degré - Présence du 3e Système ISOCAY dans la conscience - Prétérisation Sophronique Libre (PSL)

Marche Phronique Vivantielle

Vivance Phronique de la Rencontre corps-esprit dans le <u>4e Système ISOCAY</u>

- **Posture 3e degré** - IRT - ER
  Vivance Phronique de La Forme - La Température - L'Intégration Vitale du 4e Système ISOCAY avec Sophro-Respiration Synchronique (SRS)
- **P.Ph.I Posture 2e degré** - Présence du 2e Système ISOCAY dans la conscience - Prétérisation Sophronique Libre (PSL)

Vivance Phronique de la Rencontre corps-esprit dans le <u>5e Système ISOCAY</u>

- **Posture 3e degré** - IRT - ER
  Vivance Phronique de La Forme - La Température - L'Intégration Vitale du 5e Système ISOCAY avec Sophro-Respiration Synchronique (SRS)
- **P.Ph.I Posture 2e degré** - Présence du 1e Système ISOCAY dans la conscience - Prétérisation Sophronique Libre (PSL)

Vivance Phronique de la Rencontre corps-esprit dans <u>toute la corporalité</u>

- **Posture 3e degré** - IRT - ER
  Vivance Phronique de La Forme - La Température - L'Intégration Vitale des 5 Systèmes ISOCAY avec Sophro-Respiration Synchronique (SRS)
- **P.Ph.T Posture 2e degré** - Présence de toute la corporalité dans la conscience - Prétérisation Sophronique Libre (PSL)

DSBV - Phéno-Description verbale ou écrite - SAVC

La Vivance de **la marche** pas à pas est une grande découverte, nous entrouvrons les yeux, il s'agit quelque part de nos premiers pas, mais aussi d'une marche vers le monde, de redéployer notre marche en partant de nos premiers pas. Phénoménologiquement le pas est un phénomène, dans la perplexité de sa lenteur dans la RDC III, il est déjà une aventure.

Dans cet ouvrage synthétique, nous ne pouvons développer le protocole de cette Relaxation Dynamique qui doit être suivi avec un sophrologue Caycédien, le plus souvent en groupe. Nous donnons ici son tableau à titre informatif (fig. 14).

LES TECHNIQUES DE TOTALISATION ET LA RDC IV

La Sophro-Présence des Valeurs (SPV)

DÉFINITION ET INTÉRÊT

L'homme est sorti progressivement, au cours de l'humanité, du monde de la biologie pour découvrir le sens des valeurs de l'existence.

Retrouver ces valeurs qui définissent et sont les raisons d'être de l'homme : tel est le but de cette technique.

Ce sont des valeurs simples, souvent oubliées, comme la liberté ou le respect de l'autre, la responsabilité qui permettent l'émergence de notre être jusqu'à l'univers, jusqu'à l'humanité, jusqu'à la divinité si vous le souhaitez.

Cette technique a le mérite d'être pratiquée même si le patient n'a pas fait de relaxation dynamique de Caycedo, offrant ainsi une possibilité d'entraînement existentiel lui permettant de s'ouvrir aux valeurs propres de son existence.

La présence ou l'acquisition de ces valeurs, profondément ancrées dans la conscience, permettent à l'être humain de mieux cerner le sens de sa vie et donne un support à ses projets et ses démarches.

Il s'agit donc d'un entraînement contribuant à lutter contre les nombreuses difficultés de l'existence qui peuvent nous envahir un jour ou l'autre si nous vivons notre quotidien dans l'habitude et la morosité.

En se posant la question : « quel est le sens de notre existence », on peut réfléchir et redonner un but à sa vie pour permettre d'en jouir pleinement, d'autant que le sophronisant aura choisi lui-même ses valeurs sans qu'elles lui soient imposées.

PROTOCOLE

- ***Les 3 techniques « clé » :***
  - Sophronisation de Base Vivantielle.
  - Posture Isocay.
  - Sophro-Déplacement du Négatif abrégé et Sophro-Activation Vitale abrégée.
- ***Sophro-Présence des Valeurs :***
  - Évocation des Valeurs à choisir au début parmi les valeurs pilotes de notre école : **liberté, groupéïté, société, humanité, universalité, éternité, divinité,**
  - Première évocation de valeur : liberté, individualité, responsabilité : respiration, conscience de la valeur choisie,
  - Seconde évocation de valeur choisie parmi les valeurs pilotes décrites ci-dessus,
  - Troisième évocation de valeur : recherche éventuelle de valeurs propres au sophronisant.
- ***Pause phronique de Totalisation.***
- ***Désophronisation.***

TERPNOS LOGOS

Dans votre position de confort et de détente... En position assise... Vous pouvez fermer les yeux pour votre séance. Je vous invite à prendre conscience de la forme de votre tête sans tension... Conscience de votre cuir chevelu, de vos yeux entrain de se détendre... De toute cette zone entre les yeux, si souvent soumise à tension... Siège des pensées... vous pouvez détendre votre cerveau, comme si c'était un muscle. Vous laissez chacune des parties de votre cerveau se détendre, et peut-être pouvez-vous sentir votre cerveau trouver tout son espace dans la boîte crânienne..., en occuper chacun des replis..., venir se dorloter au fond de votre boîte crânienne ; Et vous pouvez laisser vos idées partir, comme si vous regardiez un train et que les pensées étaient ces wagons s'éloignant dans le lointain Ou comme si c'était des nuages dans le ciel... Et vous laissez la brise emmener tranquillement ces nuages jusqu'à ce que le ciel de vos pensées devienne serein et sans nuage. Et vous laissez se détendre cette partie de votre corps... Détente des joues, face interne..., partie de vos joues en rapport avec vous-mêmes... Faces externes de vos joues ou celles qui sont en rapport avec l'extérieur... Et vous laissez vos yeux, votre langue trouver librement leur position, dans les orbites, dans la bouche. Et vous prenez conscience de la forme de votre visage sans tension... conscience de votre 1° système parfaitement détendu.

Conscience de vos épaules entrain de se détendre... de vos bras, de vos coudes, de vos avant-bras complètement relâchés... Et le fait d'avoir ainsi détendu les épaules et les bras vous permet de retrouver une meilleure position de votre cou. Détente de votre cou, de votre nuque... Et vous laissez votre tête trouver librement son espace au-dessus de votre corps..., tout en détendant cette zone de passage, zone importante de communication entre votre tête et votre corps. Conscience de la forme de votre 2° système détendu.

Conscience de votre thorax entrain de se détendre... De votre cœur, de vos poumons, qui trouvent tout leur espace de vie au niveau de cette zone thoracique. Et vous laissez votre diaphragme se détendre, ce muscle clef de la respiration...Peut-être vous pouvez le sentir descendre à chaque inspiration..., monter tranquillement à chaque expiration... Grand muscle clef, qui vient rythmer votre respiration, qui vient masser vos intestins de l'intérieur, les caresser... Vous pouvez peut-être plus que jamais le sentir complètement libre dans ses mouvements..., trouver son propre rythme... Et vous vous laissez bercer par le propre rythme de votre respiration qui s'est mis en harmonie avec votre propre rythme cardiaque.... Ce sont ces rythmes individuels qui font votre personnalité, qui vous donnent toute votre confiance, toute votre harmonie... Votre colonne dorsale se détend... Conscience de la forme de votre 3° système détendu.

Et vous prenez conscience de la forme de votre abdomen sans tension. Le système digestif trouve son espace dans l'anneau abdominal, qui s'élargit, se détend. Votre colonne lombaire se détend. Conscience de la forme de votre 4° système détendu.

Conscience de votre bassin en train de se détendre.... de toute cette zone d'énergie..., énergie ancestrale, héréditaire... le poids de cette zone qui trouve tout son espace pour se développer. Conscience de votre périnée entrain de se détendre..., de vos cuisses, vos genoux, vos mollets, vos pieds qui se détendent jusqu'à l'extrémité de vos orteils. Conscience de la forme de votre 5° système détendu.

Vous prenez maintenant conscience de toute votre colonne vertébrale en train de se détendre... depuis le bassin jusqu'à la tête. Et vous laissez tous les muscles para-vertébraux se détendre..., laissez place, donnez de l'air... à la colonne vertébrale, toute votre moelle épinière. Et vous pouvez peut-être sentir chacune des fibres de la moelle épinière en train de trouver son espace, sa liberté. Toutes les informations qui circulent depuis le bassin jusqu'à la tête s'en trouvent beaucoup plus libres... Conscience de la forme de votre corps parfaitement détendu.

Et à chaque expiration libre, vous descendez un petit peu plus au bord du sommeil..., juste au bord du sommeil...

Et vous pouvez vous préparer à prendre la ***posture Isocay****, le dos bien droit, décollé du dossier de la chaise, les mains sur les cuisses pour bien prendre conscience de la forme du corps dans votre conscience.*

- Si vous voulez bien, ***Sophro-Déplacement du négatif*** *global. Quand vous voulez, vous soufflez... Et à l'inspiration, vous mettez en tension tout votre corps, depuis les pieds jusqu'à la tête, en sentant chacune des tensions qu'il pourrait y avoir aujourd'hui, ici et maintenant. Vous sentez chacune des tensions, et quand vous voulez, vous expulsez loin, très fort, chacune des tensions que vous pourriez sentir au niveau de votre corps. Et dans les respirations, libres et naturelles qui suivent, vous en profitez pour continuer à envoyer au loin chacune de ces tensions... C'est très bien.*

Vous allez maintenant vous centrer sur l'idée de ***valeur****. Vous allez laisser émerger les valeurs de la boîte noire de votre biologie, dans un grand mouvement d'émanation, dans une grande montée vers votre conscience. Différentes valeurs sont* *proposées par l'école sophrologique : la liberté, la groupéïté, la société, l'humanité, l'universalité, l'éternité voire la divinité. Parcourez ce menu, choisissez-en une ou plusieurs. Peut-être d'autres valeurs vous apparaissent, méditation...*

Vous pouvez évoquer comme ***première valeur****, une valeur universelle commune à nous tous la liberté, la liberté de l'individu. Nous allons maintenant établir phénomène..., établir phénomène avec une valeur importante, la valeur de la liberté individuelle... Vous laissez venir, vous laissez émaner à votre conscience la liberté Qui suis-je moi, en tant qu'individu ? Quels sont les rapports avec ma propre liberté d'individu ? Qui fait que chaque individu est libre et est unique ? vous êtes un être unique, libre, responsable, c'est cela qui fait votre valeur, Quand vous voulez, vous soufflez... Et à l'inspiration, vous venez monter les mains, paumes ouvertes vers le ciel avec la tête légèrement en arrière... et là, vous restez en respiration libre, tout à fait naturelle et vous laissez s'établir les phénomènes avec votre propre notion de la liberté, en prenant tout le temps qui vous est nécessaire, vous pratiquez la posture le temps que vous le souhaitez. Et à votre rythme, quand vous le voudrez, vous pourrez descendre les bras. En prenant tout le temps nécessaire. Et vous pouvez peut-être sentir au niveau de la paume des mains, une énergie, une chaleur..., comme si elles étaient le réceptacle de votre propre liberté. Relaxe... Détente... Posture de relaxation assise confortable. Pause sophronique d'intégration.*

Posture Isocay. *Une deuxième fois, laissez émaner du plus profond de votre biologie, de vos cellules, vos chromosomes une* ***deuxième valeur*** *qui peut être à votre choix, une valeur de la groupéïté, l'autre, la famille, un groupe qui compte pour vous, etc., de la société, le respect des autres, le devoir, le droit, etc., ou de l'humanité, vous choisissez. Quand vous voulez, vous soufflez... Et à l'inspiration, vous venez monter les mains, paumes ouvertes vers le ciel avec la tête légèrement en arrière... et là, vous restez en respiration libre, tout à fait naturelle et vous laissez s'établir les phénomènes, en prenant tout le temps qui vous est nécessaire, vous pratiquez la posture le temps que vous le souhaitez. Et à votre rythme, quand vous le voudrez, vous pourrez descendre les bras. En prenant tout le temps nécessaire. Relaxe... Détente... Posture de relaxation assise confortable. Pause sophronique d'intégration.*

Posture Isocay*. Si vous vous laissez entraîner vers* ***les grandes valeurs de l'univers****, la métaphysique, vous pouvez* *choisir l'univers, l'universalité, le cosmos, l'éternité voire la divinité, vous choisissez une grande valeur qui vous habite, qui vienne du très profond de vous et vous pouvez pratiquer la posture Quand vous voulez, vous soufflez... Et à l'inspiration, vous venez monter les mains, paumes ouvertes vers le ciel avec la tête légèrement en arrière... et là, vous restez en respiration libre, tout à fait naturelle et vous laissez s'établir les phénomènes avec votre propre notion de cette valeur, en prenant tout le temps qui vous est nécessaire, vous pratiquez la posture le temps que vous le souhaitez. Et à votre rythme, quand vous le voudrez, vous pourrez descendre les bras. En prenant tout le temps nécessaire. Relaxe... Détente... Posture de relaxation assise confortable. Pause sophronique d'intégration.*

***Posture Isocay**. Enfin, laissez monter à votre conscience **une valeur de votre choix**, pas forcément une valeur du menu, mais une valeur qui vous tienne particulièrement à cœur et avec laquelle vous souhaitez établir un échange au plus profond de vous... Quand vous le souhaitez, vous pouvez prendre la posture et vous laissez s'établir les phénomènes avec votre propre notion de cette valeur au plus fort de votre conscience. Relax, posture de relaxation, pause sophronique d'intégration.*

***Relaxe**, détente de la tête, des épaules, du thorax, de l'abdomen et de toute la partie inférieure du corps, et je vous invite à faire une **pause finale de totalisation**. Laissez venir chacune des vivances de cette séance. Vivance sur la propre intégration de vos valeurs, votre richesse intérieure, vos complémentarités, et votre propre vécu de la liberté...*

*Vous pourrez en profiter pour renforcer vos capacités de confiance, confiance en vous, confiance en votre corps, confiance en vos cellules, en vos certitudes Capacité d'harmonie, entre votre corps et votre esprit. Et capacité d'espoir... Et puis, à votre rythme propre, et uniquement quand vous le désirerez, vous pourrez pratiquer votre **désophronisation** selon votre protocole habituel.*

Pratiquez cette séance lorsque vous sentez le mal de vivre ou que vous vous questionnez sur le sens de votre vie.

Refaites cette séance aussi souvent que possible.

La force de la technique, c'est la répétition des vivances des séances.

PHÉNODESCRIPTION

Après chaque séance, vous pouvez noter sur un cahier tout ce qui vous est venu spontanément sans chercher à interpréter ou à rationaliser mais simplement en exprimant le phénomène tel qu'il vous est apparu pendant la séance.

Votre cahier de phénodescription va s'enrichir de vos réflexions sur le sens de la vie et des valeurs que vous souhaitez développer dans votre existence. Avec le temps, votre conscience s'organisera d'elle-même sans qu'il soit besoin d'intervenir, déterminant progressivement votre transformation.

La R.D.C. IV : La Vivance des Valeurs

Elle initie à la Vivance des grandes Valeurs de l'être dans la conscience. Il s'agit là d'un aboutissement de la Sophrologie Caycédienne permettant d'exister avec nos propres contenus, notre propre personnalité et de nous projeter à l'existence en tant que nous-même. On voit bien que dans cette démarche d'une profonde liberté de conscience, nous sommes dans une attitude opposée à celle d'une secte. Outre une nouvelle posture du 4e degré, s'y vit la marche libre du nouveau regard, nous conduisant à produire un regard différent sur ce qui nous entoure et à nous approprier le monde avec nos propres Vivances.

L'initiation aux paramètres de Totalisation nous permet d'exister dans l'unité et la permanence de notre être dans notre projet de monde, elle nous enrichit en permanence des phénomènes de notre nouvelle quotidienneté.

Dans cet ouvrage synthétique, nous ne pouvons développer le protocole de cette Relaxation Dynamique qui doit être suivi avec un sophrologue Caycédien, le plus souvent en groupe. Nous donnons ici son tableau à titre informatif (page suivante).

FIGURE 14
PROTOCOLE RDC IV

RELAXATION DYNAMIQUE DE CAYCEDO 4e DEGRÉ

— RDC 4 —

VIVANCE PHRONIQUE DES VALEURS FONDAMENTALES DE L'ÊTRE ET CONSTITUTION DE LA RÉGION PHRONIQUE

PROTOCOLE

SBV - Debout Techniques Clé

Conscience de la verticalité
IRT - Bras en vertical - ER- puis ils descendent lentement et touchent avec les mains les points d'Intégration Vivantielle des 5 Systèmes ISOCAY avec SDN.
P.Ph.I Posture 2e Degré - SSV - SRS sur toute la corporalité.

1ère Vivance des Valeurs Fondamentales de l'Être

- **Posture 3e degré** - IRT - ER choisir librement une des Valeurs Fondamentales de l'Être
- Debout - Vivance Phronique Progressive des 5 systèmes ISOCAY (Manence)
- Bras en vertical - **Posture 4e Degré** - Vivance Phronique de la Valeur choisie
- Les Bras descendent lentement à la posture initiale (Rétromanence)

Constitution de la Région Phronique

- **Posture 2e degré**
- Présence de la Valeur choisie dans la conscience - SRS

2e Vivance des Valeurs Fondamentales de l'Être

- **Posture 3e degré - IRT - ER** choisir librement une des Valeurs Fondamentales de l'Être
- Debout - Vivance Phronique Progressive des 5 systèmes ISOCAY (Manence)
- Bras en vertical - **Posture 4e Degré** - Vivance Phronique de la Valeur choisie
- Les Bras descendent lentement à la posture initiale (Rétromanence)

Constitution de la Région Phronique

- **Posture 2e degré**
- Présence de la Valeur choisie dans la conscience - SRS
- Préparation pour la Marche Phronique

Marche Phronique du Nouveau Regard

20'

Présence de la Valeur choisie dans la conscience

- Mains en posture libre ou croisées sur la région lombaire ou sur le bas-ventre.
- Regard Intermittent.
- Terpnos Logos pendant la Marche:

"Quelques fois avec les yeux demi-ouverts...
nous essayons de voir le monde comme si c'était la première fois...
voir les choses et les êtres comme si c'était la première fois..."

"Quelques fois avec les yeux fermés...
nous essayons de sentir la valeur fondamentale que nous avons choisie...
comme si c'était la première fois..."

Le groupe retourne à l'endroit de départ et chacun s'assied et commence la Pause Phronique de Totalisation en attendant qu'arrive le reste de la groupéité.
Pause Phronique de Totalisation orientée par le directeur du groupe.

DSBV - Phéno-Description verbale ou écrite - SAVC

LES DEUXIÈME ET TROISIÈME CYCLES DE LA R.D.C.

Le deuxième cycle constitué de RDC V à VIII est appelé le cycle « Radical ». Ce mot est utilisé dans son sens philosophique, aller à l'essence à la racine des choses. On y découvre les ***Valeurs radicales*** de l'être, celles sans lesquelles il ne serait pas ce qu'il est. On y pose également les grandes questions radicales, les grandes questions sur notre vie en train de se vivre. Les réponses sont personnelles et non imposées, l'importance du questionnement enrichissant notre être d'une Vivance de sens par rapport à l'existence.

C'est aussi le cycle de l'énergie, appelée en Sophrologie « ***Énergie Phronique*** », on y découvre l'énergie du corps, de la vie, de la conscience. Cette énergie est activée par le son, la voix et par la pensée d'une manière très puissante au niveau des différents systèmes. La présence de cette « force phronique » présente en chacun, mais méconnue nous met en rapport avec la phylogenèse de notre espèce (apparition de notre espèce) et des êtres vivants. La Vivance de l'ontogenèse (apparition de l'être en chacun de nous) est une expérience nous permettant de revivre l'émergence de notre propre être depuis sa conception et d'exister avec une unité profonde.

Le troisième cycle constitué de RDC IX à XII est appelé le cycle « Existentiel ». Ce mot est utilisé dans son sens philosophique, se projeter à l'existence, vivre cette vie qui se déroule en nous, l'affirmer, ne pas passer à côté. On y découvre les Valeurs existentielles de l'être, celles sans lesquelles nous ne pourrions véritablement exister. La technique de « transportation » permet de transporter nos valeurs dans l'existence. La pédagogie des Valeurs permet d'accéder aux ***Valeurs essentielles de l'être***. Le travail sophrologique de ce cycle est fondé sur les marches, notre existence est en marche. La première marche de ce cycle, celle qui génère toutes les autres est appelée « marche phronique de la liberté », sans liberté tout ce que nous proposons serait un leurre et exister serait impossible. Après avoir affirmé notre Vivance envers les objets et les êtres nous clôturerons par une marche ***« de la nouvelle quotidienneté »*** dont le titre dans un paradoxe existentiel, symbolise l'ultime démarche du sophrologue, être l'homme vrai.

La pratique vivantielle du deuxième et troisième cycles se réalise après avoir expérimenté le premier cycle ou cycle fondamental décrit schématiquement dans ce livre. Sa description ainsi que son explication méthodologique se feront dans une prochaine publication.

CHAPITRE 4

APPLICATIONS

PRINCIPALES APPLICATIONS DE LA MÉTHODE ALFONSO CAYCEDO

J'énumère ici les principales applications, titres des chapitres, de l'ouvrage collectif qui a été publié sous ma direction « Sophrologie, Champs d'applications »[1]. Vous pouvez le consulter pour en avoir une idée détaillée et découvrir l'expérience de nombreux sophrologues

BRANCHE CLINIQUE - Applications de la Méthode Caycedo en :

- Médecine Générale
- Anesthésie, Réanimation, Chirurgie, Douleur, Soins Palliatifs
- Immunologie, Cancérologie, Sida
- Pneumologie, Cardiologie
- Gériatrie
- Gynécologie
- Médecine Psychosomatique
- Nutrition, Obésité, Boulimie, Anorexie
- Obstétrique, Accouchement
- Psychiatrie, Psychologie Clinique, Psychothérapies
- Rhumatologie
- Soins Infirmiers
- Kinésithérapie

[1] *décrites dans le livre "SOPHROLOGIE - Tome 2 - Champs d'application" - écrit par le Dr. Patrick-André Chéné et collaborateurs - Éditions ELLÉBORE – Paris*

BRANCHE SOCIO-PROPHYLACTIQUE

- Applications de la Méthode Caycedo en :

- La Prévention Socio-Prophylactique en Suisse pendant plus de 20 ans dans différents groupes sociaux
- Stress
- Gérontologie
- Thanatologie
- Dépendances
- Art
- Spiritualité
- Entreprise et Sophrologie
- Chômage
- Thalassothérapie et Esthétique
- Autres applications socio-prophylactiques
- Sport
- Pédagogie

QUELQUES EXEMPLES PRATIQUES

Vous pourrez constater que l'énoncé des champs d'application montre l'action et les possibilités immenses de notre discipline.

Vous avez pu sans doute apprécier la concentration du skieur, sur la marche de départ avant une épreuve de slalom ou de descente, celle d'un joueur de rugby avant la transformation d'un essai face aux poteaux de but, la confiante sérénité d'une future maman avant son accouchement : images symbolisant la pratique sophrologique de ces sportifs et de cette femme enceinte. Il nous reste, peut-être en mémoire la médaille d'or du tir remportée aux derniers jeux olympiques par l'équipe de France composée d'athlètes pratiquant régulièrement les techniques de notre discipline.

Mais il ne s'agit là que d'exemples. Affirmer que la Sophrologie apparaît efficace dans le soulagement de la douleur, en général, est maintenant chose admise. En outre il s'avère que ses méthodes spécifiques orientées contre certains maux dont soufre actuellement notre civilisation, tels le tabagisme, l'alcoolisme, l'obésité, le stress obtiennent des résultats très positifs.

De même il faut citer son rôle important dans le traitement de l'asthme, du trac, des troubles sexuels, et, plus généralement des approches et solutions concrètes qu'elle apporte dans les domaines de la vie éducative et sociale ou des activités sportives évoquées ci-dessus.

Actuellement dans pratiquement tous les centres de thalassothérapie, se trouve un sophrologue faisant pratiquer aux clients de ces centres, une fois par jour une séance de sophrologie, ce qui leur permet, en complétant leur traitement de concourir à leur forme et à leur bien-être.

Ajoutons enfin que la sophrologie est précieuse dans trois couches ciblées de la population :

- les futures mamans à laquelle on propose des techniques de pré, pendant et après accouchement leur permettant de vivre cet heureux mais redouté événement avec beaucoup de sérénité,
- les enfants en difficulté scolaire,
- le troisième âge pour lequel sont pratiquées des techniques appropriées à cette population aspirant à la santé physique et mentale et à la longévité.

On peut donc considérer que les champs d'application de la Sophrologie sont extrêmement vastes puisque ces techniques sont en mesure de s'appliquer à la plupart des domaines de l'activité humaine et qu'elles s'élargiront encore dans un proche avenir.

Nous vous proposons, à titre d'exemple, dans cet ouvrage une séquence en trois temps : lutter contre le stress, bien dormir, renforcer l'estime de soi.

Lutter contre le stress

SUIS-JE STRESSÉ ?

N'oubliez jamais que les épreuves sont souvent vécues comme des agents stressants au sens où Hans Selye les a décrits en 1936[1]. Dans un premier temps, ils déclenchent une réaction d'alarme. Le corps comprend qu'il se passe un « traumatisme » et met en jeu ses capacités d'adaptation. Puis, suit une phase de résistance plus ou moins longue selon les individus qui leur donnent la faculté de lutter. C'est tout le temps de la « stabilisation ». Enfin survient la phase classique de décompensation, la descente aux enfers. L'organisme, s'étant épuisé dans ses efforts de résistance, il s'effondre, craque, majore ses troubles du comportement initiaux et perd, en quelque temps, tous les bénéfices acquis.

Peut-être est-il bon de savoir qu'il existe des solutions agréables, économiques et non destructrices pour votre corps, afin de l'aider à surmonter les différentes épreuves de votre vie présente ou à venir...

Et si vous essayiez, tout simplement, d'expérimenter ces solutions ?

PROTOCOLES ANTI-STRESS

Il existe de nombreuses techniques sophrologiques anti-stress, permettant de le percevoir, de l'analyser et de le combattre. Dans le cadre de cet ouvrage d'initiation, nous vous proposons la plus simple qui reprend des techniques que vous avez déjà utilisées dans les entraînements qui vous ont été décrits dans les pages précédentes.

Protocole en une séance :

- Sophronisation de Base Vivantielle par système,
- Première stimulation corporelle,
- Deuxième stimulation corporelle représentant la résistance au stress,

[1] *Henri Selye, « le stress de la vie ou le problème de l'adaptation » édition nrf Gallimard*

- Posture Isocay,
- Localisation des symptômes du stress dans un système donné,
- Sophro-Déplacement du Négatif du système « stressé »,
- Sophro-Présence Immédiate dans cette zone,
- Totalisation et Désophronisation.

TERPNOS LOGOS

Technique rapide anti-stress en 1 séance

Vous vous asseyez confortablement, vous fermez les yeux. Vous relâchez votre visage, le front, le cuir chevelu, les sourcils, les yeux, muscles derrière les yeux, les paupières s'alourdissent, les mâchoires sont desserrées. Conscience de la détente dans le cou, dans la nuque. Les épaules s'alourdissent, les bras, les avant-bras se vivent souples jusqu'au bout des doigts. Votre thorax est sans tension. Votre dos est détendu. Vous relâchez votre abdomen, la respiration est libre, calme. Vous détendez le bas du corps du bassin jusqu'au bout des orteils. À chaque expiration, vous atteignez un peu plus le relâchement complet, au bord du sommeil.

Première stimulation corporelle

Pour approfondir cette détente, vous soufflez, vous inspirez, vous effectuez une tension douce de tout le corps jusqu'à la limite de la résistance supportable. Quand vous ne tenez plus, vous soufflez en relâchant tout le corps. Vous relâchez votre visage, vos épaules, votre thorax, le dos, votre abdomen, le bas du corps.

Deuxième stimulation corporelle anti-stress

Vous laissez venir maintenant dans votre conscience une cause de stress, une situation où vous êtes très contracté. Lorsque vous allez pratiquer la tension douce, celle-ci va représenter votre résistance contre le stress, et l'expulsion va signifier le relâchement, la détente, la libération de l'emprise du stress. À présent allez-y, vous soufflez, vous inspirez, tension douce du corps contre le stress jusqu'à vos limites, votre tension représente votre capacité à résister et quand vous ne pouvez plus, relâchement brutal pour vous libérer de l'emprise du stress. À chaque expiration, vous continuez à vous libérer. Une autre fois, vous soufflez, vous inspirez, rétention de l'air, tension douce, vous résistez au stress, vous résistez. Expulsion, vous libérez la tension, vous chassez le stress, relaxe. Relâchez toutes les parties du corps.

Vous vous préparez à prendre la ***posture Isocay****, le dos bien droit, les mains sur les cuisses pour bien vivre la présence de votre corps dans votre conscience.*

Le stress se localise plus particulièrement sur certains systèmes du corps qui apparaissent contractés, voire douloureux. Vous avez peut-être appris à ***les reconnaître*** *maintenant... Par exemple le 1° système avec des maux de tête, des tensions sur le front, une crispation de la mâchoire, le 2° système avec une boule à la gorge, des tensions de la nuque, des trapèzes ou bien le 3° système avec une oppression dans le thorax, des palpitations cardiaques ou encore le 4° système avec des colites au ventre, le 5° système avec des infections gynécologiques ou urinaires à répétition, la sensation de jambes coupées... Je vous laisse trouver cette zone stressée chez vous.*

À présent vous allez pratiquer le ***Sophro-Déplacement du Négatif sur cette zone****.*

Vous soufflez, vous inspirez, vous contractez le système choisi. Vous laissez monter le stress dans la zone choisie. Quand cela devient désagréable, vous expulsez le stress sur l'expiration. Aux expirations libres suivantes, vous continuez d'expulser le stress. Une deuxième fois, vous soufflez, vous inspirez, vous contractez la zone choisie, au moindre désagrément, vous expulsez le stress, vous le chassez et vous continuez à l'expiration libre, vous continuez de chasser ce stress. Très bien...

Maintenant vous laissez venir votre « image bouée » dans votre conscience. ***Sophro-Présence Immédiate****. Vous allez remplir le système stressé avec cette image bouée, ou un paysage de vacances agréable ou, un sourire qui vous a touché, tout ce que vous voyez de positif, à votre choix. À chaque respiration, vous allez remplir toutes les cellules de la zone stressée à l'aide de ce contenu positif. Et maintenant chacun à votre rythme, vous soufflez, lentement vous inspirez tout le positif dans le système sélectionné, dans toutes les cellules. Doucement vous envoyez à l'expiration le contenu positif dans cette zone à la place du stress et vous pourrez continuer sur l'expiration suivante. Je vous laisse pendant un certain temps vivre l'image bouée qui a pris sa place dans votre corps.*

Relaxe, pause de totalisation. Vous accueillez toutes les sensations corporelles que vous envoie votre corps, sans les interpréter, profond sentiment de bien-être...

Vous êtes bien relâchés, vous allez pouvoir activer en vous vos trois capacités : capacité de confiance en vous-même et dans les autres, capacité d'harmonie du corps et du mental, capacité d'espoir. Et chacun à votre rythme, vous ferez une ***désophronisation*** *en prenant tout votre temps, vous bougerez progressivement votre corps, puis vous amplifierez votre respiration, vous n'ouvrirez vos yeux qu'au dernier moment lorsque vous vous sentirez bien réveillés.*

Pratiquez cette séance quand vous vous sentez crispé, tendu, à fleur de peau, impatient, déprimé, traumatisé, en bref stressé

Refaites-la ensuite dès que vous vous sentez à nouveau stressé.

La force de la technique, c'est la répétition des vivances des séances.

PHÉNODESCRIPTION

Après chaque séance, vous pouvez noter sur un cahier tout ce qui vous est venu spontanément sans chercher à interpréter ou à rationaliser et notamment les éléments de réaction contre votre état de stress et les espoirs qui sont nés en vous pour le vaincre. Votre conscience s'organisera d'elle-même sans qu'il soit besoin d'intervenir, déterminant progressivement votre transformation.

Bien dormir

SUIS-JE INSOMNIAQUE ?

Si vous avez une impossibilité ou simplement une difficulté à vous endormir ou à dormir suffisamment, vous êtes en état d'insomnie.

Il existe soit une insomnie d'endormissement qui vous empêche de trouver normalement le sommeil, soit des éveils nocturnes qui interrompent le cours de vos nuits, soit une insomnie terminale qui se manifeste par un réveil précoce.

Lorsqu'une de ces formes d'insomnie apparaît, qu'elle soit ou non la conséquence de soucis ou d'anxiété, avant de vous jeter sur les barbituriques, songez à la sophrologie qui peut vous proposer : **la technique de Protection Sophroliminale du Sommeil**.

Cette technique, dont nous allons découvrir le protocole, consiste à habiter de positif le sommeil. Elle constitue ensuite un lieu de passage privilégié vers la conscience sophronique. Elle repose sur le fait que le sommeil est un niveau profond de la conscience apte à emmagasiner des informations et donc capable, lui aussi, de se protéger des flux négatifs.

PROTOCOLE :

- Sophronisation de Base Vivantielle,
- Sophro-Mnésie Senso-Perceptive retrouver un souvenir d'endormissement facile et de bon réveil agréable, vivre les sensations, les idées, les sentiments, etc., associés,
- Protection Sophroliminale du Sommeil :
    - **SRS** : s'imaginer le moment du coucher, détailler les habitudes, éteindre...
    - Lorsqu'on imagine son endormissement, on synchronise un mot sur l'expire : calme, pensée relaxante, satiété, sommeil.
    - **Sophro-Présence des Systèmes**. Vivre dans chacun des systèmes l'endormissement.
    - **SAP** : s'imaginer son réveil, l'heure ; avec un projet positif pour la journée, auto conditionnement au "lever du bon pied" ; dynamisation du réveil

- **Pause phronique de totalisation.**
- **Désophronis-ation.**
- **Entraînement individuel quotidien.**

TERPNOS LOGOS

Vous vous asseyez confortablement, dans une position de relaxation agréable. Conscience de la forme de votre visage relâché, conscience de la forme des épaules et des bras relâchés, des avant-bras et des mains jusqu'au bout des doigts relâchés complètement, conscience de la nuque et des muscles du cou relâchés, conscience de la forme de votre thorax sans tension. Relâchement de votre abdomen, des muscles de la paroi abdominale, Vous relâchez la partie basse du corps jusqu'au bout des orteils. À chaque expiration, vous descendez radicalement au bord du sommeil.

Je vous propose une Sophro-Stimulation corporelle, vous soufflez, inspiration, vous levez les mains les doigts croisés derrière la nuque, rétention et tension douce de tout le corps, expulsion de l'air. Relâchez le visage, les épaules et les bras très profondément. Tout votre corps est relâché et vous descendez au bord même du sommeil, relâchement global de votre corps.

Vous prenez la posture Isocay, le dos bien droit, les mains sur les cuisses. Conscience de la forme de votre corps sans tension, conscience de l'équilibre de votre corps dans cette posture, de sa respiration....

Vous laissez venir un mot, une image qui vous apporte l'idée de calme, de paix, d'harmonie, de détente, de sérénité. À chaque expiration synchronisée, ce mot, cette image vous donne cette sensation d'harmonie. À chaque expiration, prononcez mentalement un mot : calme, détente, satiété, harmonie, sérénité...

Vous pouvez maintenant penser à votre projet du moment, à vos changements de comportement, mais surtout vous vous programmez du repos. Il s'agit de protéger votre niveau sophroliminal des expériences négatives et pour cela il vous faut programmer.

Vous êtes arrivé en fin de journée, vous êtes maintenant sur le point d'aller dormir. Vous vous sentez comblé par votre journée qui vient de s'écouler, rassasié de tous les bons moments que vous avez vécus... Vous détaillez les habitudes, en vous déshabillant vous vous préparez à dormir, en éteignant la lumière vous imaginez l'endormissement. Lorsque vous imaginez votre endormissement, vous synchronisez un mot sur l'expire, pour imprimer la conscience pendant votre sommeil. Par exemple, vous imaginez qu'en vous endormant, à chaque expiration, vous prononcez l'un des mots calme, sérénité, harmonie, relaxation, sommeil... Vous imaginez que pendant la nuit, d'éventuelles pulsions négatives vont être expulsées par votre sommeil programmé par la respiration, c'est-à-dire que votre respiration automatique va porter votre pensée positive, vous mettez ainsi votre sommeil sous protection sophronique.

Pendant la nuit, vous synchronisez, pensée - respiration et vous allez organiser mentalement votre réveil après une bonne nuit... L'heure du réveil, les conditions du réveil, un réveil du bon pied, reposé, l'envie de vous réveiller, le bon moment du petit-déjeuner vous permettent d'envisager simplement comme projet positif de passer une bonne journée.

Vous imaginez une programmation positive de l'activité de cette journée avec surtout évacuation des choses négatives par la respiration. Vous imaginez que vous êtes en train de faire une sorte de Sophro-Déplacement des négatifs en cas de difficultés.

Si vous faites votre séance le matin, vous pourrez aussi, de la même manière, vous imaginer votre journée, votre coucher et le réveil du lendemain avec les moindres détails et d'une manière toujours très positive et très agréable. Ainsi vous pouvez renforcer les niveaux profonds de votre conscience. À nouveau vous renforcez, vous imaginez votre coucher, les détails, la manière dont vous vous y prenez, vous imaginez le lit, le confort du matelas, les sensations quand vous vous déshabillez, vous vous allongez dans le lit et vous mettez votre sommeil sous la protection sophronique, évacuation des pensées négatives par une synchronisation pensée positive - respiration pendant la nuit. Vous imaginez le réveil et l'activité positive de la journée. Le matin vous pourrez toujours envisager la fatigue de la journée, votre endormissement, d'autant plus facile et favoriser le coucher.

Pause phronique de Totalisation.

Maintenant, vous vous préparez à faire votre reprise et avant vos activités, vous activez vos trois capacités, de confiance, d'harmonie physique et mentale et vos capacités d'espoir, de projet... Vous prenez largement le temps pour vivre tout cela et vous ferez votre désophronisation à votre rythme quand vous le souhaiterez par deux ou trois respirations profondes, remettez en tension les cinq systèmes du 5e au 1e, remuez les doigts, les orteils et les muscles du visage, vous vous étirez très fort avant d'ouvrir les yeux.

Pratiquez cette séance, à distance du coucher, tous les jours lorsque vous souffrez d'insomnie.

Refaites cette séance aussi souvent que possible.

La force de la technique, c'est la répétition des vivances des séances.

PHÉNODESCRIPTION

Après chaque séance, vous pouvez écrire sur un cahier à cet effet tout ce qui vous est venu spontanément sans chercher à interpréter, sans chercher à rationaliser en notant tout spécialement les améliorations que vous avez ressenties, soit dans l'endormissement, soit dans la durée du sommeil ou soit lors du réveil.

Votre conscience s'organisera d'elle-même sans qu'il soit besoin d'intervenir.

Renforcer l'estime de soi

Il vous reste maintenant, dans cet exemple pratique rapide, après avoir lutté contre le stress et renforcé votre sommeil à retrouver ou renforcer la confiance en vous. Le simple manque d'estime de soi nous mène souvent à des conduites négatives, génératrices d'erreurs. Inversons la tendance.

L'estime de soi est le premier pas qui va vous permettre d'être capable d'affirmer vos décisions, vos projets, vous affirmer, être mieux dans votre peau, plus détendu, plus heureux.

PROTOCOLES

Parmi les techniques suivantes nous vous proposons celles qui sont susceptibles, à votre convenance et en toute liberté, de vous aider à reconquérir ou renforcer votre « estime de soi »

- ***Les 3 techniques « clé » :***
  - Sophronisation de Base Vivantielle.
  - Posture Isocay.
  - Sophro-Déplacement du Négatif abrégé et Sophro-Activation Vitale abrégée

Sophro-Mnésie Senso-Perceptive (SMnSP)

Vous activez vos souvenirs positifs et les revivez comme vous avez envie de les vivre aujourd'hui, avec vos cinq sens, votre affect et votre intelligence. En quelque sorte, il s'agit de trouver votre légende personnelle, de savoir qui vous êtes, ce qui mérite estime en vous, de retrouver votre identité. Prenez un cahier et notez tous ces souvenirs positifs qui vous apparaissent pendant les séances ; ils vous révéleront un autre vous-même, heureux, fier, digne d'intérêt. Prenez ainsi le temps de retrouver votre corps et votre esprit.

Sophro-Présence des Valeurs (SPV) et des capacités

Vous pouvez utiliser cette technique en deux temps.

- **Premier temps**, vous vivez les valeurs que propose l'école sophrologique : Liberté, responsabilité, être chers, groupe auquel vous appartenez ou pourriez appartenir, société (son positif), humanité, universalité, éternité, voire si vous le désirez, la divinité.

- **Deuxième temps** vous cherchez une valeur qui vous correspond, ou deux ou plusieurs qui vous viennent et qui donnent sens à votre vie, à votre existence. Ces valeurs vous apporteront une motivation quotidienne et vous permettront de mieux exister. Elles seront peut-être même sources de projets

Vous pouvez utiliser également cette technique à partir de vos capacités : c'est un exercice sur les capacités. En effet, vous avez en vous de nombreuses capacités inexploitées. Il faut les laisser monter jusqu'à votre conscience et parmi elles vous choisissez comme vous avez fait pour les valeurs. Vous les prononcez à voix haute et vous prenez la décision de les utiliser dans votre quotidien.

Sophro-Acceptation Progressive (SAP)

C'est le moment des projets. Sans a priori posez-vous la question : qu'ai-je envie de réaliser ? Laissez venir dans votre conscience une présence qu'elle soit humaine ou animale et questionnez-la. Tout est possible, les phénomènes se suivent pendant la séance sans que vous ayez à les interpréter. Prenez en acte et établissez vos projets dans quelques jours, quelques mois.

Vous pouvez le faire, devenez ce que vous êtes.

Sophro-Programmation Future (SPF)

Expliquez à un être cher ou à des amis comment vous avez fait, il y a deux ou trois ans, pour surmonter les épreuves et trouver votre épanouissement. Vous programmez ainsi en vous un énorme potentiel de réussite fondé sur vos valeurs et pouvez ainsi vous imaginer de vivre à distance jusqu'à un âge avancé.

TERPNOS LOGOS ET PHÉNODESCRIPTION

Il convient de se reporter à chacune des techniques énoncées ci-dessus.

EN GUISE DE CONCLUSION

La lecture de ce petit livre vous interpelle, comme on dit de nos jours. Vous avez commencé à le lire soit avec intérêt, soit avec scepticisme, soit en blasé de toutes ces médecines complémentaires proposées en notre temps.

Si, à la fin de votre lecture, vous pensez qu'après tout, on ne risque rien à expérimenter cette discipline puisqu'elle ne fait appel à aucune posologie et est très éloignée de tout rapport avec un quelconque endoctrinement, sachez que la réussite liée à votre décision sera votre œuvre.

La Sophrologie permet, grâce à ses praticiens caycédiens, de vous guider pour sortir d'un quotidien qui vous apporte des soucis plus ou moins graves dans votre vie privée ou votre activité professionnelle.

Mais, il vous sera demandé du courage, de la volonté et de la persévérance pour une participation active au cours des séances. Vous pourrez alors vaincre les faiblesses pour lesquelles vous avez pensé que la Sophrologie vous apparaissait comme la discipline adéquate.

Si tel est le cas et que vous consentez aux efforts qui vous seront proposés par votre sophrologue, que vous devrez choisir, de façon qu'il s'agisse d'un véritable sophrologue caycédien qualifié, les améliorations de votre état ne seront dues ni à un miracle, ni à la magie, ni à des produits absorbés, mais à vous-même. C'est par et en vous que vous aurez mérité de mieux vivre. Je vous le souhaite.

PRAXIS

INITIATION À LA SOPHROLOGIE
CAYCÉDIENNE
2E ÉDITION
ISBN 2-86898-582-3

Dépôt légal : deuxième trimestre 2003
Numéro d'édition : 86898

TWAPI MOA
Un lien entre les êtres

• CONCEPTION • GRAPHISME • RÉALISATION •

Maquette et mise en page : Delphine Brossard (Tél. : 01 40 01 98 77)
assistée de Sylvie Baillet

Achevé d'imprimer en mai 2003
sur les presses de l'Imprimerie Offset 5 - 85150 La Mothe-Achard
Dépôt légal 2e trimestre 2003
Mai 2003 - N° 0305051
Imprimé en France